平沼赳夫の本懐

平沼赳夫
Takeo Hiranuma

崖っぷち日本の
運命をこの政治家
が切り拓く！
限りなく日本を愛する政治家の
憂国と救国の書。

光明思想社

はじめに

私は生長の家の創始者である谷口雅春先生の『生命の實相』全四十巻を拝読し、自分の人生が拓《ひら》けたと実感した。

私は昭和十四年生まれ、終戦の時はわずか六歳であった。ご多分に漏れず、戦後教育を受け、この国の歴史を熟知せず、唯物思想に染まっており、皇室の有り難さも知らなかった。小さい頃より政治家を志していたが、前述の通りの有様で中身は何もなく、浅薄な思想の持ち主だった。

私の父が、民間の石油会社の製油所長として三重県に赴任し、その土地で母が谷口雅春先生とお会いすることができ、我が家に『生命の實相』全巻のうちの一巻があった。何気なく、『生命の實相』を手に取り、思わず引き込まれ、一気に拝読した。それまで触れたことのない唯心思想に貫かれ、私にとってとても新鮮であった。私は帰京すると、『生命の實相』四十巻全巻を読破しなければならないと思い、東京の原宿にある生長の家本部に行き、全巻を購入し一気に読了した。このとき私は二十三歳であった。

干天《かんてん》に慈雨《じう》という言葉があるが、私の心に谷口雅春先生の教えが染み込み、この世界は心の現すところの世界であるという「三界唯心所現《さんがいゆいしんしょげん》」ということも理解できた。政治家を志望していた私は皇室を戴いている有り難さ、日本人の素晴らしさ、心の持ち方がいかに大切かということが判るようになった。また世界の各宗教の教えも判るようになり、教育の尊さも理解できた。

そして、先生の他のご著書も読ませていただこうと『日本を築くもの』をはじめ、幾多のご本を熟読し、自主憲法の制定、教育基本法の改正、日本語の大切さ、宗教心の必要性、靖国神社の意義、正しい歴史観の涵養《かんよう》、家族の絆を守ること、等々、たくさんのことを教えていただいた。谷口雅春先生の教えに触れることで、私は啓発され、私の政治家としての信念も固まってきた。

衆議院選挙に出馬すべく岡山へ戻り、生長の家の岡山教化部長であった喜多登先生と出会い、私は大変な感化を受けた。喜多登先生はもともと教育者であられたが、谷口雅春先生の教えに触れ、教育者の職をなげうって、生長の家本部講師として活躍された。私は喜多登先生の講演をお聞きし、快刀乱麻を断つ講話に酔いしれたものである。人を笑わせ、時には泣かせ、時には怒らせ、感動の中に二時間があっという間に過ぎたものだ。

昭和五十一年の総選挙に初出馬したときも、喜多先生をはじめ、生長の家の方々に大変お世話になったが、無所属での立候補で、岡山一区の九人の候補者の中で最下位で落選した。そして五十四年のときも、成績は上がったが無念の涙を飲んだ。そういう時でも、喜多先生や生長の家の皆様は温かく、力強く激励をしてくださり、本当に有り難かった。

そして昭和五十五年の総選挙で六年半かかって、三度目の正直で最高点で当選することができた。喜多先生は涙を流して喜んでくださった。決起大会では万感胸に迫る演説をしてくださり、本当にお世話になった。今でも喜多先生のことを想うと感慨一入《ひとしお》である。

時の経つのは早いもので、私は当選十回となり、年齢も七十歳となった。本来ならば引退を考えても良いのかもしれないが、現在の政治状況を見るにつけ、引くに引けぬ心境である。民主党は売国的法案を用意して、数を頼んで成立させようとしている。外国人地方参政権、国立追悼施設の建設、夫婦別姓法案、国立国会図書館に恒久平和調査局の設置、国籍法の改悪、人権擁護局の強化、等々、それこそ目白押しである。

さらに天皇陛下に関して、中国要人のために強引にルールを無視して面会を強要し、外務大臣に至っては、国会の開会式における陛下のお言葉まで注文をつける等、常識では考えられぬ滅茶苦茶なことを臆面もなくやっている。さらに自分たちに政権が来れば、予算を一割節約して二十兆円を浮かして、その分を無定見な子供手当、高速道路の無料化、高校授業料の実質無料化をすると言った。そう言いながら、マスコミもてはやした事業仕分けでは、人民裁判の如くに振る舞い、無駄を省くと言いながら、六千九百億円しか削減できず、大盤振る舞いのマニフェストの公約も守れず、国債の発行は戦後最大、予算規模も九十二兆円とこれも戦後最大、このような国民の信頼を失う政治を行なっている。普天間の問題でも最大の同盟国のアメリカの信を失い、この国の安全と平和に多大の影響を与えている。

こんな民主党の姿勢を許してはならない。私は同志と語らい、「たちあがれ日本」を立ち上げた。もうこれ以上、我々の大切な日本を民主党に任せるわけにはいかない。その決意をもって、民主党打倒、日本復活、政界再編の三つの目的で頑張るつもりである。

自民党でも民主党でもこの国を任せることはできない。新しい保守の第三の流れを起こすことが、今の日本に一番求められていることだ。

全力で努力していく決意である。皆様のご理解をぜひお願い申し上げる。

平成二十二年六月八日

たちあがれ日本 代表　平沼赳夫

平沼赳夫の本懐　目次

第二章　日本とはどのような国か

第三章　日本の近代化はいかにして達成されたか

第四章　大東亜戦争とは何であったか

「たちあがれ日本」結成のご挨拶

第一章　なぜ民主党政権を打倒しなければならないか

■美しい日本の魂を守るために

私は大東亜戦争が始まる二年前の昭和十四年、東京で生まれた。私の両親は二人とも日蓮宗の信者で、朝晩、必ず読経をするほど信心深く、愛深い人であった。私は、そのような家庭環境の中で成長した。終戦の時は、六歳。それから、小学校で教科書に墨を塗るなどの戦後教育を受け、麻布高校を経て慶応義塾大学に進んだ。政治家を志していたが、一度は他の社会に出た方がよいとの指導を受け、日東紡績に勤めた。その後、佐藤栄作、佐藤信二、中川一郎先生の秘書を務めて、政治のイロハを学んできた。

そして、二回衆議院選挙に挑戦したが、残念ながら落選。それ故、選挙に落選した方々の悔しい思い、塗炭の苦しみというものも体験して、昭和五十五年、衆議院選挙に初当選した。それ以来、一筋に日本のいのち、魂を守るために戦ってきたつもりである。

しかし、鳩山民主党政権となり、「これまでの私の戦いは何であったのか」と自問するとともに、「このままでは日本は崩壊しかねない」との危機感と憂国の思いがたぎり立つ日々であった。そして、私は自らに鞭打って、いのちを賭ける思いで新党「たちあがれ日本」を結成するに至った。私の原点にしているものは何なのか、わが日本をどのように慈《いつく》しんできたのか、そして今後どのような願いをもって進むのか、私自身の想いを知っていただき、共に「日本」復活のために立ち上がっていただければ有り難いと思う。

■養父・平沼騏一郎の影響

私自身のこれまでの人生を振り返る時、私自身を育んでくれたものは、ご先祖様や両親の愛であり、先人達の国を愛する心であり、日常話したり書いたりする日本語であり、友人や郷土の風情であり、そしてそれら全てを含めた祖国なる日本ではないかとつくづく思うのである。

特に養父、平沼騏一郎《ひらぬまきいちろう》の影響を大きく受けていると思う。私の母が平沼騏一郎の兄の孫に当たるため、子供のいなかった騏一郎は私の両親と私たち子供の一家を養子とした。平沼騏一郎は、慶応三年九月二十八日(西暦一八六七年十月二十五日)、岡山の津山藩藩士平沼晋の次男として生まれた。津山藩は当時洋学が盛んであり、洋学の泰斗《たいと》だった同郷・箕《み》作秋坪《つくりしゅうへい》の三叉学舎《さんさがくしゃ》で英語・漢文・算術などを学び、司法省の給費生として東京大学予備門に入学。帝国大学法科大学（のちの東京帝国大学法科大学）を卒業し、司法界に入った。検事総長、大審院長（今の最高裁長官）を経て、請われて政治の世界に入り、司法大臣となった。

その後、枢密院議長を経て、昭和十四年に約八ヵ月の短命ではあったが首相をつとめた。そして、教科書にも載っている「欧州は複雑怪奇なり」という言葉を残して総理を辞任した。後でも述べるが、この言葉の真意は、一国を与《あずか》る者として情勢を的確に見抜けず天皇陛下に申し訳がない、よって総理を辞任するという意味である。それほど天皇陛下を大切にする価値観の人物であった。昭和十六年に入り大東亜戦争が始まる雲行きになって来た頃には、騏一郎《きいちろう》は絶対にアメリカと戦争してはいけないと主張した。それ以前の総理大臣の時にも、アメリカの駐日大使、ジョセフ・グルーに働きかけて戦争回避のため動いている。軍部からすれば騏一郎は都合の悪い人物と映っていた。

昭和十六年の八月、地元津山の出身であり、南北朝時代、南朝の忠臣として讃えられた児島高徳をお祀りしている作楽《さくら》神社の神官が平沼邸を訪れた。地元の神官であるから騏一郎は応接間に通した。この神官も国想うこと篤い人であったが、「閣下、失礼します」と言って六発の銃弾を騏一郎に撃ち込んだのである。しかし不思議なことに一命を取り止めた。私はここに不思議な使命というものを感じるのである。

終戦時に騏一郎《きいちろう》は、米内光政《よないみつまさ》海軍大臣、東郷茂徳《とうごうしげのり》外務大臣とともに枢密院議長として和平の立場を貫いた。そのため、終戦の朝、軍部は終戦を仕組んだのは鈴木貫太郎首相と平沼であるとして、銃や刀をもって自宅を襲撃した。私は当時六歳であったが、「平沼騏一郎はどこにいるのか」と言って銃を突きつけられたりしたのを鮮明に記憶している。

秦野という護衛官が常に騏一郎の身辺を守っていたので、彼がすぐに騏一郎を誘導して二十万冊の蔵書を置く別棟の図書室に身を隠すことが出来た。それで軍部は捜《さが》し出せない腹いせに、わが家に火をつけて全部燃やしてしまったのである。その後、私達は懇意《こんい》の事業家が提供してくれた家で暮らすことになった。

騏一郎が戦犯として訴追《そつい》が決まった日、何人かが日本刀を持って自宅にやってきた。「平沼を敵の手によって殺すのは忍びないから私が介錯《かいしゃく》する」と騒いでいた。そのような人を相手にするのは私の母の役目であった。母が、「あなた達のお考えでは天皇様が一番大切なのでしょう。誰が天皇様を守るために身代わりになるんですか。騏一郎は、そのために裁判に出るのです。それをこの場で殺したら、天皇様をお守りする人がいなくなるではありませんか」と言うと、彼らは納得して、「私たちが軽率でした」と帰って行ったことがある。

騏一郎は、裁判に入る際、家族全員に「俺は何も言わないよ」と言った。騏一郎は法曹界にいたから、東京裁判がインチキ裁判であることはよく解っていたのである。だから、そんなところで自己弁解など一切しないと言ったのである。事実、無言で通したのだが、なぜ牢獄に入ったかといえば、それは「天皇陛下を守るため」だった。騏一郎は、獄中で病気となり、一旦仮釈放となったがそのまま亡くなった。八十五歳の獄死同然であったが、見事な生き様であったと思う。

私のいのちの中には、天皇様を一身を賭けて守ろうとした騏一郎の志が脈々と息づいていると確信している。そして、それらを含めた美しき祖国日本の歴史の栄光が脈うっていると思っている。

だから、私の生まれた国、日本がいとおしく、そして誇りに思っている。生まれた国を誇りに思えないことは、逆に言えば自分自身の誕生そのものをも否定していることになるのではないかと思っている。人生においては、これほど不幸なことはないであろう。

それ故、私は、若い方々にも日本を誇りに思える国にしていきたい。先人が血の滲《にじ》むような努力の積み重ねで残してくれた宝石のような日本の国柄を守り伝えていきたい。

戦後日本は、我らの祖国日本の根っこを忘れてきたように思えてならない。このいのちの根にもう一度光をあてることが、現在の閉塞した日本の状況を打開し、日本再興の大きな活力、エネルギーになると信じているのである。


ますらおの悲しきいのちつみかさねつみかさねまもる大和島根を

私は、歌人、三井甲之《みついこうし》氏が詠《うた》ったというこの歌の心に連なって、美しい日本の魂であり、心の原点であり、日本人が二千年以上にも亘《わた》って最も大切にしてきた天皇様を守るために、今後の政治活動に一身を捧げたいと思っているのである。

■国民に希望の光を灯し続ける

平成二十一年、八月の衆議院選挙において、真の政治政策が問われることなく、政権交代の言葉のみが乱舞し、マスコミ等の大きな後援もあり、民主党が大勝した。そして鳩山政権が誕生して以来、普天間基地移設問題の迷走、外国人参政権付与、選択的夫婦別姓問題、外国にいる子供にまで支給する子供手当の財政負担など、日本の行方について憂《うれ》いが深まるばかりである。このままでは、日本国が危い、何とかしなければならないとの思いが沸々《ふつふつ》と湧《わ》き上がってくるのである。

私も七十歳となり、そろそろ引退してもいいと思っていた。しかし、鳩山政権誕生以来、こんな政治では、長い歴史を持った日本が滅亡してしまう。今まで私を支援いただいた国民に申し訳ない。何とか国民の希望をつないで光を灯し続けねばならないとの思いで、新党立ちあげを模索してきた。

そして、平成二十二年四月十日、遂に、発起人である私・平沼赳夫、与謝野馨衆議院議員、園田博之衆議院議員、藤井孝男参議院議員、中川義雄参議院議員、石原慎太郎東京都知事の六人が出席し、新党「たちあがれ日本」の結党を正式に発表させていただいた。

■国家論の欠如した政党に国は任せられない

民主党政権で最も危惧《きぐ》することは、彼らには、日本とは何か、国家とは何かという国家観が欠如していることである。日本の歴史、文化、伝統という国家を支える精神的基盤に対する意識がまったく欠如している。普天間基地の移設問題の迷走ぶりは、実はここに大きな問題があるからだと私は考えている。国家存立の大きな基盤は防衛・外交問題であるが、国家観の欠如しているところに、この問題をいくら議論しても、実はこれを考える基軸がないのであるから、国を誤らせるのみである。

もちろん、このことは民主党だけでなく、自民党においても、五十歩、百歩である。昨平成二十一年の自民党は政権担当政党から下野し、総裁選が争われたが、候補者の誰一人、日本とは本来こういう国であり、だからこそ自民党の結党精神は自主憲法制定にあるといった議論は何一つなされなかった。私は、自民党の再生に絶望を覚えたのであった。

■保守政治家の原点は皇室を守るということ

私は、日本という国の歴史を素直に振り返る時、『古事記』『日本書紀』という神話から始まり、百二十五代、連綿と続いてきた皇室を中心に二千年以上の歴史が展開されてきたことを大変誇りに思っている。

そして、この長い歴史の中では、元寇《げんこう》、幕末、大東亜戦争の敗戦など、日本が滅亡するかもしれない危機が幾度となく惹起したが、その度に、天皇様を中心に国民が一致団結して、その危機を克服してきたのである。私は、そのことを深く見つめ、考える時、日本の原点は、天皇様と皇室にあると考えている。つまり、皇室を抜きにしては、日本を語ることは出来ないのである。

私のような保守政治家を自称する者は、ここを明確にして、「皇室を護る」ということを全ての政治政策の根本に置くべきであると考えている。今、民主党政権によって国が危うい状態になっているこの時こそ、保守とは何かを明確にすることが大切であり、そこにこそ保守再生のエネルギーが生まれると確信しているのである。

■皇室解体を狙う民主党

ところが、民主党政権にはこうした認識がまったくない。民主党政権の閣僚の一人、岡《おか》田克也《だかつや》外務大臣は、天皇様の国会開会のお言葉について「陛下の思いが少しは入った言葉がいただけるような工夫を考えてほしい」などという、天皇陛下に対し大変失礼なことを申し上げた。この岡田外相の発言は重大である。なぜなら、国会の開会の度に天皇様のお言葉が変わるようになれば、天皇様は、「この国会は重要であり、この国会は重要でないと思っていらっしゃる」というような要らぬ憶測を国民に抱かせることになり、それこそ国会を軽視することにもなりかねないからである。岡田外相には国会における天皇様の開会の言葉の重みというものが全然理解されず、歴史感覚というものがないのである。はっきりいえば、それだけでも日本を背負って立つ閣僚として失格である。

また、民主党の幹事長であった小沢一郎氏は、政治と金の問題で追い詰《つ》められているが、それよりも日本の政治家としてもっと本質的なことが問われなければならない。それは、昨年(平成二十一年)、恥ずかしいことに、中国の胡錦濤《こきんとう》主席と会談するために、一四三人の国会議員を含めて六百人を引き連れて訪中するという朝貢外交《ちようこうがいこう》を展開した。それだけならばまだ許されるのであるが、その彼が実はそのために何をしたかということである。彼は、胡錦濤主席と会談を持つ見返りに、自己の権力を行使し、天皇様の政治的利用をはかり、天皇様との会見は一ヵ月前に申請という宮内庁の原則を踏みにじって、天皇様と習近平《しゆうきんぺい》国家副主席の特例会見を強要したのである。

これに対し、羽毛田信吾《はけたしんご》宮内庁長官は、異例の記者会見をして「心苦しい思いで陛下にお願いした。こういったことは、二度とあってほしくないというのが、私の切なるねがいだ」と政府批判を行なった。

小沢一郎氏は、その申し開きの会見で大要以下のように発言した。

「国事行為は内閣の助言と承認で行なわれる。天皇陛下の全ての行為は、国民が選んだ内閣の助言と承認で行なわれる。それが日本国憲法の理念であり、本旨である。そして天皇陛下のお体がすぐれない、体調がすぐれないというならば、それよりも優位性の低い行事はお休みになればいいことではないか。天皇陛下ご自身に聞いてみたら、『申請は手違いで遅れたかもしれないけれども会いましょう』と、必ずそうおっしゃると思う」

ここには小沢一郎氏が日本国憲法をいかに理解していないか、そして彼の天皇観と独裁者的体質が暴露されているのである。天皇様の全ての行為は国事行為ではなく、憲法に示されたことを行なわれる国事行為と、天皇様の意志でなされる公事行為があることを小沢一郎氏はまったく知らなかったのである。

それよりも何よりも、一回の総選挙で獲得した政権が、天皇様のすべてを支配できるかのような発言をする、その傲慢さ、そして常に天皇様が、政治的重要性とは関わりなく、どの国、どの人にも、平等に接してこられている、一視同仁《いっしどうじん》の天皇様のご本質への無理解、無関心を露《あら》わにしてしまったのである。

さらにその日はどのような日であったか。驚くなかれ、天皇様が大変大切にされている宮中祭祀の日であった。つまり、この日、宮中では、三種の神器の一つである八咫鏡《やたのかがみ》が奉安されている賢所《かしこどころ》の「賢所御神楽の儀《かしこどころみかぐらのぎ》」の祭祀が行なわれ、天皇様はお心を安らかに保たれなければならない日であったのだ。こんな日に特例の会見を強要するということは天皇様とともに日本の神々をも冒涜《ぼうとく》するという、換言すれば、日本の歴史・文化・伝統を無視する危険極まりない行為であったのである。

こうした天皇様を蔑《ないがし》ろにし、独裁的体質を持った人物を擁《よう》する民主党が、仮に参議院で過半数を獲得するようなことになれば、日本国家は、今の民主党に象徴されるように、自由な発言の空間が閉ざされ、日本解体の意図を明確に含んでいる外国人参政権付与、選択的夫婦別姓法案などを秘密裏に成立させ、日本を滅亡の危機に陥れることになるのである。我々は、皇室を解体しようとする民主党の本質を明確にしておかねばならない。

■首相としての資質に欠けた鳩山由紀夫氏

鳩山由紀夫前首相は、かつて民主党幹事長の時、私が会長を務めている日本会議国会議員連盟の会合に出席したことがある。そこで、彼は「天皇を元首にしなければならない」と主張したのである。私は「そこまで言い切るか」と鳩山議員を見直したことがある。しかし、それは私の大きな間違いであったと反省している。

今までの猫の目のように変わる彼の発言を聞いていると、彼の発言は確固とした信念、政治信条に裏打ちされたものではなく、その場の調子のいい、単なるリップサービスにしか過ぎないことがよく解ってきた。こうした信念のない人物は、首相としての資質に欠けているだけでなく、国の舵取りが危険な方向へ行かざるを得ないのである。

だから、昨年の米国オバマ大統領との会談でも「私を信頼してください」と言いながら、翌日には、それを裏切るような発言をしてしまい、日米関係を戦後最悪の状態にしてしまったのである。

また、民主党の金権体質のシンボルとして、小沢一郎氏とともに挙げられた人物が鳩山前首相である。両氏とも言ってみれば本家本元は自民党の田中派である。

この鳩山氏は、国会で与謝野馨議員から〝平成の脱税王〟などと責め立てられた。母親から十二億円以上もの政治援助を受け取りながら、「私は知りませんでした」の一言で全てを片付けようとしている、その政治姿勢そのものが問題である。一体、鳩山由紀夫氏には恥の感覚があるのかと言いたいのである。

私事になるが、今から五十年ほど前、ラーメン一杯四十円の時分に、もう亡くなった私の母親が千円の小遣いをくれたことがある。「ああ、あの時母が千円くれたな」ということを今でも鮮明に覚えている。そうしたことが暖かい政治を作る根本になると私は思っている。その意味で、そうした恥の感覚のない者が総理大臣になる資格はなかったのである。鳩山政権の退陣は当然のことであった。

■民主党の危険な国家基本政策

鳩山政権は、国家の基本問題である安全保障についても基軸がブレていた。日米同盟が重要であると言いながら、日本国家として約束した普天間飛行場の移設の問題でも決断がどんどん先送りになり、五月末には決着すると公言しながら、結局は出来ず、努力目標であったと言い始めた。

平成二十二年の本年一月十九日は日米安保条約改定五十年を迎える記念すべき日であった。戦後日本が廃墟の中から不死鳥のごとく甦《よみがえ》った大きな要因の一つに、日本の安全保障をアメリカの軍事力に委《ゆだ》ね、経済成長に一路邁進したということがあるだけに、本来ならビッグイベントとして、大きな節目の年とすべきであった。

ところが、普天間基地移設問題を機に、鳩山政権がいかに防衛オンチであるかが明確になり、日米関係は大きく後退した。そのため、アメリカ大統領と日本の首相より出されるべき共同声明も、日米の担当閣僚が声明を出すだけに留まってしまったのである。しかし、それでも、この日米関係の深刻さに気づかなかった鳩山政権なのである。まったくの異常事態といえる。

これで、陰で一番ほくそ笑んでいたのは、日米分断を狙っている中国である。その証拠に中国の調査船が奄美大島近くまでにも航行するようになり、中国は強弁して、「中国の周辺諸国は、中国の艦船がアジアの海域に存在している状態に慣れるべきだ」とまで言い出すようになってきたのである。

外交においても、これまでの歴史を踏まえて国益を守る視点はなく、外交のイロハも解らない素人外交そのものである。日本と米国、中国の等距離外交を主張する「東アジア共同体構想」を打ち上げているが、本当にそう考えているならば狂気としかいいようがない。

日本と米国は、自由と民主主義を共同の価値として認めあっているが、中国は、共産主義という異なる体制であり、軍事力を年々異常ともいえる勢いで拡大して、日本の領土を虎視眈々《こしたんたん》と狙っている国である。これを同列に置こうという構想であり、それは中国の策略に填《はま》った危険なものと言わざるをえない。もちろん中国とつきあわないということではなく、異なる体制の国とはそれなりの距離が必要であることを指摘したいのである。

ここには、民主党政権が、外交とは国益と国益との激しい衝突であり、その冷厳な事実を直視する中で国益を守っていく強い意志が欠如しているのである。

■外交には毅然たる強い意志が必要

私の外交体験でこんなことがあった。平成十二年、私は小泉純一郎内閣の経済産業大臣であり、WTO（世界自由貿易機構）関係の外交を行なった。その中で、一番印象に残っているのが、中国とのやっかいな外交である。

当時、中国は、日本の種を輸入して使い、日本の農業技術によって、野菜を安く生産し、洪水の如き輸出攻勢を日本にかけてきていたのである。そのため、日本の生産地は、安い中国産の野菜等に押されてしまい、悲鳴をあげていた。特に野菜三品目といわれた、長ネギ、しいたけ、畳おもてのいぐさの産地は危殆《きたい》に瀕《ひん》していたのである。

WTOには、いかに自由貿易を国際市場で行なうといっても、あまりにその被害が甚大《じんだい》である場合には産地保護の名目で、セーフガードを発令することができるという取り決めが謳《うた》ってある。

私は、初めてのことであったが、日本の産地を守るため、中国に対し、その三品目についてのセーフガードを発令したのだ。もちろん、中国はそれに対して自動車の輸出規制など報復措置をとってきた。

小泉首相は、中国の江沢民主席からの要請があったのか、「中国との問題は、何事も話し合いで解決することになっているから、何とかしてくれ」と言うのである。それで、事務方である経済産業省、外務省、農林水産省の役人、およそ二十名くらいが、先に北京に乗り込み、相手方中国の役人と一週間、激しい交渉を行なった。そして何とか両国の役人で大体の合意が出来上がったのである。

そこで、総理から私に要請があり、寒い日であったが、中国・北京に乗り込んで行ったのである。

交渉の場では、テーブルの両側に日本と中国の役人がズラッと並び、大臣の席が中央にある。中国の大臣は石広生《せきこうしょう》という人であり、私は彼に「両国の事務方が、ここ一週間、一所懸命、論議を尽くしておおよその合意点が見つかったようであるから、大臣同士でこの交渉の詰《つ》めの話をしようではないか」と切り出したのである。

すると、中国の大臣である石広生が嘯《うそぶ》いたのである。「何も中国側は合意していない」と言うのだ。この時、両国の役人は凍《こお》りついていた。

私はその時、「ああ、これは日本を舐《な》めてかかっている。必ずごねると日本から譲歩を引き出せると思っているのに違いない」と気づいた。「これまで、日本の政治家や財界人、役人も、日本人的発想で人がいいから、その悪態に逆らえず、必ず一つ、二つ、三つというふうに譲歩してきたのであろう」と思ったのである。

私は、スッと立ち上がり、日本の役人に向かって、「中国の大臣は合意していないと言っている。こんな所にいても無駄だから帰ろう」と言って、席を蹴ってさっさと日本へ帰ってきたのである。

小泉首相からは「何とか話し合いで解決してくれないか」と懇請されたのであるが、中国側も、これまでの日本の政治家と違って意表を突いた私の行動に吃驚《びっくり》し、戸惑《とまど》ったのであろう。二回目の交渉のテーブルに就くと、驚くなかれ、何と、三分で解決してしまったのである。

このとき痛感したのは、外交というのは力のせめぎ合いであり、経済力だけではだめだということである。やはり、力の裏付けが必要であり、そこに毅然《きぜん》とした強い意志と姿勢がなくてはならない。話し合い、話し合いということだけでは相手の罠の深みに入り、ズルズルと譲歩せざるをえなくなるのである。私は、毅然として席を蹴って帰ってきたからこそ、逆に譲歩せずに交渉をまとめることができたのである。これが外交の実態なのである。

■国家解体の悪法、永住外国人参政権付与法案

民主党は、外国人地方参政権付与の法案を成立させようとしている。これはまた、日本解体の大変危険な法案であり、昨年平成二十一年発表した民主党の選挙時のマニフェストにも掲載されていないものである。

例えば、九州北方に対馬がある。この島は『古事記』にも地名が載っているほど古くから知られた島である。最近、私はこの島を訪問した。この島は東西に四七キロメートルくらいの大きな島である。かつては人口が七万人くらいであったが、現在は三万六千人に減

ってしまっている。韓国とは航空便もフェリーも通じているので、年間九万人もの韓国の観光客が訪れるのである。そこでは、韓国資本の会社が土地を買いあさっており、防衛上も大切な海上自衛隊の隣接地五千坪が買われてしまっているのである。

そこは海岸沿いであるから、真珠の加工工場があった。その工場へ天皇、皇后両陛下が行幸《ぎょうこう》されたこともあり、記念碑が建っているのである。それが韓国資本の会社の土地になってしまっているのである。

こういうところで、外国人参政権を認めたらどういうことになるか。おおよそ予想がつくものである。こういう人口の少ない、そして日本の防衛上重要な対馬へ多くの韓国人が移住してきたら、韓国寄りの市長や議員が現実に誕生することになるのである。そして、市議会で「我々は対馬を韓国領にする」と議会決議が上がれば、対馬は韓国領になってしまう可能性が出てくるのである。このことの重要性を考えるべきなのである。

また、国会議事堂のある永田町が入っている千代田区でも、有権者数が四万人くらいと少ないのである。この法案が認められれば、日本の政治の中心地が外国人の謀略に大きな影響をうけるということにもなりかねないのである。

外国人参政権付与法は、このように、私達の身近なところで、国籍を持たない外国人に投票結果が影響されるという、とても危険な法案なのである。

大体、民主党は、選挙前のマニフェストには国民の反対を予想して、地方外国人参政権付与を載せなかった。しかし、民主党の政策集であるインデックス２００９には、その筆頭に「外国人の地方参政権を与えます」と書いている。

彼らの主張は、「永住の外国人は税金を払っていますから」というのである。私達日本人は、国民の努力で上水道、下水道、電力、鉄道、道路などのインフラを全部整備してきた。永住外国人は、それを利用するために税金を納めているのであるから、選挙権と税金とは全然、関係がないのである。

日本国憲法にも、第十五条には、「投票権というのは国民固有の権利である」と書いてある。それ故、今、民主党がやろうとしていることは憲法違反である。さらに、納税をしているから投票権を与えるというのであれば、二十歳を過ぎた学生は納税していないのだから、投票権がないということにもなってしまうのである。この点について、彼らに問いただしても、納得のいく回答が返ってこない。

これに関連して、平成二十二年一月、大学入試センター試験が実施されたが、その現代社会の設問で外国人地方参政権に関する許し難い記述があったのである。その設問はこうである。

問三　日本における参政権に関する記述として適当でないものを、次の①〜④のうちから一つ選べ。

①国民投票法上、憲法改正の国民投票の投票資格は、国政選挙の選挙権年齢が満18歳以上に改正されるまで、満20歳以上の国民に認められる。

②被選挙権は、衆議院については満25歳以上、参議院については満30歳以上の国民に認められている。

③最高裁判所は、外国人のうちの永住者等について地方選挙の選挙権を付与することは、憲法上禁止されていないとしている。

④衆議院議員選挙において、小選挙区で立候補した者が比例代表区で重複して立候補することは、禁止されている。

この中から「記述として適当でないもの」を一つ選ぶのである。その正解は④となっている。すると、③の「最高裁判所は、外国人のうちの永住者等について地方選挙の選挙権を付与することは、憲法上禁止されていないとしている」が正しいということになる。

外国人地方参政権について、最高裁判所は違憲であるとの判決を下しているのである。禁止されないとしたのは、あくまで傍論であり、傍論とは判決理由には入らない一部裁判官の意見を参考意見として記載したものである。

しかし、試験問題でこのような記述が正しいとなれば、そのまま受験生の頭に刷り込まれてしまうではないか。

このように、地方参政権を違憲であると知りながら試験問題として取り上げるのは確信犯的な行為である。政府、文部科学省も一体となって、国家解体法である外国人地方参政権を推進しようと企んでいるのであろうかと勘ぐりたくもなるのである。

いずれにせよ、この外国人参政権付与をはじめ、選択的夫婦別姓、人権侵害救済などの国家解体の危険な法案を成立させようとする民主党の真の意図を全国民に知らせなくてはならない。

■選択的夫婦別姓は親子別姓を意味する

私は家族の絆を大切にしたいと思っている。特に私は政治家であるから、家族の調和と支えがなければ、国を思い、一身を捧げて国家のために尽くすことは出来ない。

私が政治家になったのは、先述した養父・騏一郎の影響も大きいが、やはり両親の日々の生き方にも背中で教えられたと思っている。

私の父は、昭和六年に慶応を出たモダンボーイであったが、読書好きで「この世の中には絶対的なものがある」とよく言っていた。それで法華経に関心を持つようになり、日蓮宗を信仰した。日々、朝夕読経をしていたので、私も未《いま》だにお経を空で覚えている。また、両親は私たちを連れて、よく多磨墓地にあるご先祖様の墓参りに行った。私はこの墓参りによって、自然とご先祖様とのいのちのつながり、永遠性というものを教えられた。そしてご先祖様とのいのちの絆が、国のいのちへの連なりを容易にしてくれたのではないかと思っている。

平沼騏《き》一郎《いちろう》が戦後、極東軍事裁判でいわゆるA級戦犯で訴追《そつい》されてから、両親は大変な苦労をした。終戦の朝、騏一郎の家は丸焼けになり、平沼一家は無一文になった。騏一郎が戦犯になってからは、日本の弁護士とアメリカの弁護士を雇わなければならず、父は、そのため勤めていた三井生命を辞職して、商社を立ちあげ、何とか裁判費用を賄《まかな》った。騏一郎は正明中学という全寮制の学校も東京の東村山に作っていた。その終戦処理も困難を極めたが、父は校長をしながら、その処理を行ない、現在の拓殖大学第一高等学校になっている。

さらに、戦前平沼家は秘書やお手伝いさん等がおり、大きな所帯であった。この人達を一気に辞めさせることはできないので、父はその金策にも奔走した。私は、父のそういう姿を見て育ったから、私が二回落選した時期も、その苦労を苦労と思わず、理想に燃えて乗り越えることが出来たのであると思っている。このように家族というのは大変有り難い存在であると思うのである。

しかし、この家族の絆を壊そうというのが、今、民主党政権が推進している選択的夫婦別姓法案である。家族は古今東西を問わず自然な集団の基本的単位といえる。家族には必ず呼び名である「姓」が付けられるが、この姓は家族の一体感のシンボルと言えるものである。この家族の一体化を拒否する何らかの「分離意識」を持ち込もうというのが、この法案である。

特に子供達に大きな影響を与える。普通、特別な理由がない限り、子供は両親と「同じ姓」を望むものである。ところが、夫婦別姓では必ず親子が別の姓にならざるをえないのである。子供にとっては、家族でありながら必ず片方の親と違う姓になるのであり、子供の心に好ましくない、大きな影響を与えることは想像に難くない。この夫婦別姓は、実は親子別姓なのである。そしてこの夫婦別姓の考え方にたてば、次第に姓の意味がなくなり、戸籍もなくなることになる。一族のお墓も維持が困難となり、ご先祖様の祭祀も廃《すた》れてしまうことになるのである。

さらに、もっと恐ろしいのは、この夫婦別姓を推進している人達が何を目指しているかということである。現在、結婚する両人のうち改姓するのはほとんどが女性であるが、夫も妻も個人として対等であるはずなのに、事実上、夫の「家名」に改姓させられている。従って同姓制度は戦前の「家」の制度と変わらないと主張するのである。要するに「姓は個人のもの」であるから、家族一体のシンボルとしての「姓(ファミリーネーム)」は認めないというのである。そうすることによって家族の解体を目指しているのである。この「過激な個人主義」の考え方が蔓延《まんえん》すればいかなる事が起こるか。革命的な結婚観が生まれるのである。実際、彼らはそういうことを主張しているのである。

現在、法律婚(役所に婚姻届を出している結婚のこと)が通常の結婚になっているが、夫婦別姓になればファミリーネームがなくなってくるわけであるから、法律婚も事実婚(いわゆる同棲)もあまり違いがなくなる。従って、法律上の差別をなくせとの要求が強まる。そうなると次に、ファミリーネームがないのであるから、正式な婚姻によって生まれた子供(嫡出子)と法律によらない男女の結びつきによって生まれた子供(非嫡出子)の区別もなくなるのである。さらには「結婚は個人と個人の結びつき」であるから、男女という組合わせだけに限る必要はない。男と男、女と女という同性の結婚も認めて問題ないではないかと、その主張が一層強まる法律的根拠を与えることになる。

もうこれは人間というよりも動物の世界である。こうして、社会も国家も解体に向かうようになる。本当に危険極まりない法律が選択的夫婦別姓法案なのである。このような法案を通そうとしている民主党は、その意味で革命政権といって過言ではないのである。

■民主党政権を動かす陰の勢力

なぜ民主党は、国家解体の法案の推進に熱心になるのかといえば、それは、在日本大韓民国民団のバックアップ、左翼の政治家、旧社会党出身の職員などが民主党の陰の大きな力になっているからである。

特に平成二十一年の衆議院選挙では、民団に選挙権はないが、ポスター貼りやチラシ配りなどで懸命に民主党をバックアップした。この選挙の時、民主党の選挙対策委員長であった赤松広隆氏は、愚かにも外国人参政権を認めることは民団に対する公約であると言ってしまったのである。

また、新たに首相となった管直人氏は、市川房枝女史の左翼的市民運動から出てきた人物である。

参議院を牛耳っている輿石《こしいし》東《あずま》氏も山梨県日教組の委員長であった。「教育の中立などない」と公言してはばからない政治家である。実は、鳩山由紀夫氏が民主党の代表になれたのも、輿石氏のグループが勢力を結集して彼をバックアップしたからだといわれている。

法務大臣の千葉景子氏も成田闘争の革命的な左翼の一派のメンバーとして活動し、火焔瓶を投げつけられて警官が亡くなったその最前線で活動したと聞いている。その上、連立内閣に社民党が入っていた。だから沖縄の普天間移設問題でも社民党の福島瑞穂《みずほ》氏に遠慮してしまっていた。

そういう勢力が陰で動き回り、国民があまり知らないうちに自分たちの主張を実現しようとしているのである。本当に危険なのは今の民主党の事務局を担当している旧社会党系の活動家達である。彼らが巧妙に仕組み、議員が踊らされているのであり、この構図をしっかりと把握していないと、日本は大変なことになってしまうのである。

■日本の危機打開への道

私は、日本再興のためには、この日本解体の意図を秘めた民主党の打倒を一刻も早く実現しなければならないとともに、今後の日本再興の大きな国家構想を描かなければならないと考えている。

その根本的構図は、我々日本人一人一人の中に流れる日本人のいのち、あるいは歴史、あるいは日本人のＤＮＡなるものをしっかりと見つめ直し、光を当てることが大切であると考えている。我々は、日教組による戦後教育の中で、「日本は悪い国であり、戦争中、世界で悪逆非道な行為をしてきた」というような贖罪《しょくざい》意識ばかりが植え込まれ、洗脳されてきた。それ故、とりわけ中国、韓国からの理不尽な要求にも、屈辱を感じながらも卑屈になってきたのが実際である。

こうした日本への誇りを喪失し、根無し草的な意識から、どうして日本再興の芳醇《ほうじゅん》なエネルギーが生まれようか。

私は保守政治家として、私の依って立つ国家観、歴史観、人生観に基づき、日本の栄光の歴史を取り戻し、現在の民主党政権による日本の亡国的状況を覆《くつがえ》して、明るい日本の未来を築いていきたいと切に念願しているのである。

第二章　日本とはどのような国か

■神話と天皇様の国・日本

日本の二千年以上の長き歴史を振り返り、一貫してきた歴史のいのちを見つめる時、やはり日本の原点には、天皇様が在《ましま》し、日本の安寧《あんねい》と国民の幸せ、そして世界の平和を祈って下さっているということに突き当たらざるを得ない。

日本には『古事記』、『日本書紀』に神話というものがあるが、そこに天皇様の起源もある。戦後の教育をリードしてきた日教組などは、神話というのは作り話であり科学的ではないというので、学校では教えようとしない。しかし、私は本当にそれでいいのかと思う。

多くの西洋諸国では、聖書や神話が教えられている。お隣の韓国でも、「天神の子が降りてきて古朝鮮を建国した」という檀君《だんくん》神話が教育されている。そこに人間の基本的な感性や尊厳性、そして祖国への愛等が自然と育まれていくものである。

有名な人類学の泰斗《たいと》レヴィ゠ストロースという学者は、「民族学者、文化人類学者として私が非常に素晴らしいと思うのは、日本が、最も近代的な面においても、最も遠い過去との絆を持続し続けていることができるということです。私たち(西欧人)も自分たちの根があることは知っていますが、それを取り戻すのが大変難しいのです。もはや乗り越えることのできない溝があるのです。その溝を隔てて失った根を眺めているのです。だが、日本には、一種の連続性という絆があり、それは、おそらく、永遠でないとしても、今なお存続するのです」と日本を讃えているように、神話を持っていることは尊いことなのである。米国の教科書でも、イザナギ、イザナミの命《みこと》の日本の国生みの神話が掲載されているということも聞いたことがある。神話を持つことの素晴らしさをもっと自覚していいのではないか。

もちろん、日本人の中にも二千六百年を超える日本の歴史を否定する人がいる。例えば崇神《すじん》天皇の前からは神話の世界で、存在したかどうかわからないというわけである。その天皇様の寿命をみると、一四〇年生きた天皇様もある、二〇〇年以上も生きた天皇様もあり、現代からいうと、滑稽であり、破棄すべきものであるというわけである。だからあくまでも科学的な実証主義で、『魏志倭人伝』ではないが、お墓を暴いたりして確たる論拠がなければ認めないというのである。

しかし、よくよく考えても見よ。アメリカという国に神話はあるか。むしろ、日本のように長い歴史を持つが故にこそ神話があり、こうした神話を生み出した日本民族の素晴らしさを有り難き存在であると誇りに思うべきではないのか。

■天皇様とはどのようなご存在か

その尊い神話から、万世一系の百二十五代途絶えることなく、皇室が続いているのである。こんな国は世界に一つとしてない。世界の宝でもあるのだ。

しかも天皇様は、西欧の専制君主的な支配をなされたことはなく、初代の天皇様である神武天皇様は日本建国の詔《みことのり》の中で「家族のような大調和の国を作ろう」とおっしゃり、家族のように国民を慈《いつく》しんでこられたのである。その証拠に、詔《みことのり》の中で、国民のことを何と言われたか。大御宝《おおみたから》と呼ばれたのである。そうして日本国の繁栄と国民の幸せを百二十五代に亘《わた》って一貫して祈ってこられたのが天皇様である。我々は、このことの重大性をもっと自覚してもいいのではなかろうか。

かつて埼玉大学の教授である長谷川三千子氏は、天皇様について、こんなことを書いた。

「どうもよく解らない。どう考えたらよいのか解らない。それどころか、それについてそもそも『考える』というような仕方で近付いてよいものなのかどうか、それさえもが定かでないと随分と永いこと、私にとって『天皇陛下』という問題は、そういう問題でございました。……

或る日ふと、何かの雑誌に、おそばの人の語ったという、天皇陛下の記事を拝見いたしました。それは、台風が東京に上陸しそうだというので皆が心配していたところ、台風はそれて、九州の上を通って抜けたというニュースが報じられた。お付きの者達があぁよかったと言い合っていると、陛下おひとりは御心配気に、九州はどうだったのか、人々は無事だったのかと案じておられた、というお話でございました。

その極何《ごく》でもないようなお話を読んだとき、まさに、忽然《こつねん》として、と言うのがふさわしいような仕方で、天皇陛下という方のおられることの意味が、目の前に開けた思いがいたしました。すなわち、天皇陛下は我々の一人一人を気遣《きづか》って下さる方である。陛下のいらっしゃる限り、日本中で、『見捨てられた者』は一人もいないのだ、ということであります。

自分が親になってはじめて解ったのは、親というものは何であるよりもまず、子供を気《き》遣《づか》う存在であるということでありました。子供が何人いても、何処《どこ》にいても、親の心は絶えずその無事を気遣って休まる間がありません。そして子供が元気に育つのは、ただカルシウムとヴィタミンの御蔭なのではありません。その『気遣い』が子供の血となり肉となるのであります。

けれども、更にその上に、すべての子供達、すべての親達を、ちょうど親が我が子にするように気遣って下さっている方がいらっしゃる——この有難さというものに、どうして今まで自分は気がつかなかったのかと、目前の紗幕《しゃまく》を一気に切り落された思いがしたのでございます。

日本人であるということは、外でもない、この有難さの真下にいることなのである、と解ってみますと、人間として、本当にこれほど幸福なことはありません。この幸福をおろそかにせぬよう生きてゆきたい、と思っております」（昭和五十九年『代々木』、原文は歴史的仮名遣）

私には、とても心に染《し》みいる言葉であった。そして、明治天皇様の御製《ぎょせい》が思い浮かんだ。

罪あらばわれをとがめよ天《あま》つ神《かみ》民はわが身のうみし子なれば

明治天皇様を殺《あや》めようとした社会主義者の幸徳秋水等が罪に問われたときにお詠みになられたと伝わる御製である。

天皇様は、まさに常に国民の幸せを祈り、気遣《きづか》ってくださっている方であるということに改めて胸を熱くし感動したのである。

もう一つ私が感動したお話を紹介しておこう。これは旧宮家の竹田恒徳《つねよし》様がお書きになっていたことであるが、終戦直後の昭和二十年十月十日に、昭和天皇様は御自ら伊勢神宮にお参りになられ、終戦の報告と、今後の日本の行く末を祈っておられる。そして、十二月三日に、皇族の男子の方を宮中にお召しになられ、次のようなお使いを命ぜられたというのである。

「未曾有《みぞう》の終戦に際し、百二十三に及ぶ歴代天皇の御陵《ごりょう》に親しく自らお参りして終戦に関する大事についてご報告し、これからの日本を護っていただくように請願をしたいのだが、今の状態では、私が東京を長く空けることはとてもできない。神武天皇の畝傍《うねび》御陵《ごりょう》と明治天皇の桃山御陵と大正天皇の多摩御陵の三つの御陵には自分でお参りするが、あとの百二十の歴代の御陵には、ご苦労だが君達が手分けをして代参をしてくれ」

このようにして、天皇様がいかにご先祖様である歴代の天皇様の御霊《みたま》を尊んでおられたかを如実に知った時、また、戦後復興にあたって、こうした歴代の天皇様の御霊への祈りがあったことに、私はとても感激し誇らしく思ったのである。

この尊い栄光ある天皇様を戴いている日本の歴史を思うとき、何と素晴らしき国に生を享《う》けたことかと喜びがこみ上げてくるのである。そして、この天皇様の祈り、御心を中心においた、日本の国作りを我々はしていかねばならないと強く決意するのである。

■日本の歴史・文化・伝統を破壊する女系天皇論

戦後日本は、占領下において、ダグラス・マッカーサー連合国軍最高司令官の指令で、日本弱体化のために、直宮家《じきみやけ》(秩父宮・高松宮・三笠宮家)を除いて、十一宮家(山階《やましな》・伏見・

賀陽《かや》・閑院《かんいん》・東伏見・久邇《くに》・梨本・東久邇《ひがしくに》・朝香《あさか》・竹田・北白川宮家）が廃絶された。しかも、秩父宮家、高松宮家にはお子様がいらっしゃらない。三笠宮家においても男のお子様はお一人であった。連合国軍最高司令部は天皇様の権威と力を占領政策に利用しようとしただけでなく、将来の天皇様、皇室をなきものにしようと意図したのであった。

そして現在、皇室には皇太子殿下には愛子様、秋篠宮《あきしののみや》殿下には眞子《まこ》様、佳子《かこ》様、悠仁《ひさひと》様の三人のお子様がいらっしゃる。三笠宮寛仁《ともひと》親王殿下にもお二人、故高円宮殿下にも三人のお子様がいらっしゃるが、悠仁様を除いてみな女性である。

現行の皇室典範の第一条には「皇位は、皇統に属する男系の男子がこれを継承する」と定められている。それで将来、皇統に属する男系の男子がいなくなる恐れが出て来た。この機を捉えて、民主党をはじめとして共産党などが、女系天皇を盛んに喧伝《けんでん》しはじめたのである。

日本の皇室は、百二十五代、万世一系の男系で続いてきた。仮に女系天皇というものを認めてしまうと、万世一系ということが消えてしまうのである。世界の歴史の中で最も長い歴史を持ち、人類の宝というべき万世一系《ばんせいいっけい》の日本の皇室が消滅するのである。この万世一系ということは、一旦消滅してしまえば、復活することが出来ない、取り返しのつかないことになってしまうという明白すぎる事実にもっと心を致すべきである。

しかし、小泉純一郎内閣の時に、十名の有識者からなる「皇室典範に関する有識者会議」が作られ、女系天皇を容認するという皇位の継承を根本的に改変する革命的な答申を提出したのである。

まず、その会議の人選が何とも不可解であった。その会の座長は元東大総長であった吉川弘之氏であった。人物的には立派な人かも知れないが、彼はロボット工学の専門家であるが、皇室とはまったく関係なく、日本の歴史に造詣《ぞうけい》が深いわけでもないのである。そうした人物がどうしてその座長になるのか、理解しがたいことであった。

また、長い間、内閣官房副長官を務めていた古川貞二郎議員がその会の進行役になった。彼も厚生省の事務次官の後、内閣官房副長官に就任した人であるから、皇室のことについて詳しいわけでもない。その彼が、会議を強引に進めようとして、たった十七回、三十時間足らずの会合を行なっただけで、拙速な結論を三つほど出してしまったのである。①女性天皇を認める。②これまで前例のない「女系天皇」による皇位継承を認める。

③さらに兄弟間では男女を問わず先に生まれたお子様が皇位を継承する、という長子優先による継承方針を決定したのである。

■男女同権よりも深い男系百二十五代の皇統

確かに百二十五代の天皇様の中には、八方《かた》、十代の女性天皇がいらっしゃったことは事実である。即ち、第三十三代の推古天皇、第三十五代皇極天皇、第三十七代斉明天皇（皇極天皇の重祚《ちょうそ》）、第四十一代持統天皇、第四十三代元明天皇、第四十四代元正天皇、第四十六代孝謙天皇、第四十八代称徳天皇（孝謙天皇の重祚）、第百九代明正天皇、第百十七代後桜町天皇である。

しかし、いずれの女性天皇も、男系の女性天皇であられ、次の男系の天皇の中継ぎとして即位されたのである。しかも、男系の直系の天皇様がいらっしゃらない場合には、皇統の危機を回避するために、継体天皇のように傍系の天皇様を選んでくるなど、日本の歴史上、数多くの努力がなされてきたのである。それ故、現代の合理的な思想だけではなく、この歴史の深い意味を十分に踏まえて熟慮しなければならないはずである。

現代人は、男女同権の思想から、軽く考えがちであり、なぜ女系ではいけないのかという誤った見方がある。しかし、この男女同権を生み出したヨーロッパでも、これに当てはまらない特例もある。イスラエルのヘブライ大学教授ベンジャミン・シロニー氏が興味深いことを教えてくれている。

カトリック教徒は全世界に十億人ほどいると言われている。しかし、ローマ法王は全員男性である。男女同権の世の中で、ローマ法王は男性で継承されているのである。なぜなら、「ローマ法王は男性」という歴史と伝統と文化を大切にしようという価値観があるからだというのである。これに対して、女性も認めるべきだという反論は起きていないのである。

また、シロニー教授自身もユダヤ人でありユダヤ教徒であるが、ユダヤ教の宗教指導者であるラビは、これまた全て男系なのだそうである。ラビは父から息子へと続いていく。全世界に散らばっているユダヤ教徒達は、男女同権の世界であるにもかかわらず、それに対して誰一人反論を唱えないというのである。なぜなら、それはそういう伝統であり、文化であり、歴史であるからであるという。いかに男女同権といえども、口を差《さ》し挟《はさ》めるものではないのである。

シロニー教授は言う、「全世界を探しても、百二十五代、連綿と続いている家系というものはない。それを現代の日本人が、男女同権の思想で、簡単に壊していいものなのか。そんな馬鹿げたことを日本人はすべきではない」。そして「日本人よ、もっとしっかりせよ！」と励ましてくれるのである。

このシロニー教授も語っているように、百二十五代も続いた古い家系というのは、世界中探しても日本の皇室しかないのである。世界の宝である。それを現代の浅薄な考え方で、愛子様が可愛いからと言ったり、今の皇族には男系の方々が少ないからと言って、女系を認めるなど性急に事を急いでは絶対にならないのである。

日本の歴史、文化、伝統を見つめた時、天皇様の男系の皇統をしっかり守ってゆく、それが保守政治家の原点になければならないと思うのである。そこから現実的に皇統をどのようにすべきかを考えるべきである。

■旧宮家の復活を願う

私自身は、占領下において憂き目にあった旧宮家の皇室復活をまず行なうべきであると考えている。そもそも宮家というのは、皇統の存続が安定的に維持できるように準備された家である。占領下において、占領軍により皇籍離脱を強要されて六十年を経たが、この宮家のうち六宮家が絶家もしくは男子の継承者を途絶させたが、賀陽《かや》・久邇《くに》・東久邇《ひがしくに》・朝香《あさか》・竹田の五宮家には次世代の男子がおられ、さらにその次の世代の男子も誕生し、男系の男子はこの五宮家で十数名おられるのである。

旧宮家が六十年も前に皇籍離脱し、庶民の生活を続けてこられたのであるから今さら皇室復活は有り得ないという論を主張する人がいる。しかし、旧宮家の庶民生活はたかだか六十年に過ぎない。しかも昭和天皇様は十一宮家の臣籍降下に抵抗されたが、占領軍の圧力に抗しきれず臣籍降下が決定された際、「マッカーサー司令部の要請によって……臣籍に降下するような事情に立ち至った。まことに気の毒であるがよろしく了承してほしい」と仰《おお》せられた。

当時宮内府次官であった加藤進氏は皇籍離脱を進めざるを得ない事情を各宮家に説明した後、「万が一にも皇位を継ぐべきときが来るかもしれないとのご自覚の下でお慎みになっていただきたい」と述べたのである。おそらく昭和天皇様の思し召《おぼ》《め》しでもあったろうと推察されるのである。

また、臣籍降下にあたる最後の晩餐会で、昭和天皇様は「臣籍降下しても、皇室との交際はちっともかわらぬ」と仰《おお》せられ、実際その後も旧宮家は御皇室との交流をなされて来たのである。

この事実を思う時、男系の皇位継承安定のために、旧宮家の皇室復活が最も自然に思われるのである。

■「私」よりも「公」を大切にしてきた日本人の心

今、科学の世界では、人間の遺伝子の研究が進み、一人一人の遺伝子の中にはこれまでの人類の歴史が詰まっていると言われている。日本人には、日本人の歩んできた歴史の中で培われてきた日本人のＤＮＡがあるともいえるわけである。

つまり、天皇様が常に日本の安寧《あんねい》と国民の幸せを祈ってこられた、その祈りの歴史の中で日本人のＤＮＡが培われてきたのかもしれない。だからこそ、日本人は自然と天皇様を仰いで慕い、自分という「私」よりも「公」を大切にする心情が育まれてきたのである。

杉本鉞子《えつこ》著『武士の娘』は感動的な本である。彼女（一八七二―一九五〇）は、戊辰戦争《ぼしんせんそう》で賊軍とされた長岡藩の筆頭家老、稲垣平助の娘として生まれる。十三歳で婚約してアメリカに渡り、その後、二女の出産、夫の死などの耐え難い苦労を経験するが、その本の中には、欧米文化の中に生活しながらも、生涯を通じて武士の娘としての誇りを失わなかった素晴らしい生き方が生き生きと綴《つづ》られている。

例えばこんな話が出てくる。鉞子《えつこ》の父は賊軍の長岡藩の家老であったために、官軍に囚われの身となり江戸へ護送されて行くことになる。ある夜、若者の武士が稲垣家を訪ねて来る。そして彼は、「今夜の真夜中頃、護送の一団が城外を通るから会見が許される」と報告するのである。その時、鉞子《えつこ》の母は、それが真実であるかどうかを確かめるために「あなたは武士ですか」と厳粛に尋ねるのである。若者が「そうだ」と答えると、母は、それだけで彼を信じ、夫に会いに行くのである。ここには、鳩山前首相のような口先だけの軽い言葉はない。一人一人が発する言葉の重みが伝わってくる。

父・平助は籠の中からお辞儀をし、母に刀を預ける。ただそれだけである。しかし、母にはそれだけで全てが分かるのである。刀を預けるということは、家名を継ぎ、先祖代々の祭祀を守ることになる息子を頼むという意味であった。

さらに風雲迫って官軍が押し寄せてきた時、母は跡取りの長男をお寺に託し、下男、下女には暇を与え、家をきれいにしてから、家に藁《わら》をくべて全部燃やしてしまったのである。一主婦といえども、跡取りだけは残し、家名を汚すことなく守るという覚悟があったのである。こういう「公」を大切にする精神は、武士の世界だけでなく、町民の世界にも、全ての日本人の中にも流れていたのである。

日露戦争で活躍した明石元二郎中佐や広瀬武夫中佐の場合も同じである。明石中佐は諜報活動や反ロシア活動支援のために多くの国家のお金を使ったが、やはり「公」の観念というものが明確にあり、最後に詳細な収支報告書まで作成し、その報告書とともに余ったお金は全て国に返金している。

民主党の小沢一郎前幹事長のように、政党を毀《こわ》しては、国からの政党助成金を自分の政治団体に入れて貯蓄し、不動産を購入するというような人間とは質が違っていたのである。

広瀬中佐もそうである。いよいよ日本とロシアの戦端が切られようとする直前、日本への帰国命令を受けた。広瀬中佐は、後日に備えて、いのちを賭して橇《そり》旅行で極寒のシベリア横断を敢行したのである。そこには祖国日本を守るためにシベリアを探索するという「公」の観念が厳然とあったからである。

■礼節の民・日本人

津田塾大学の創立者は津田梅子女史である。明治の初め、彼女は満六歳で、岩倉具視《いわくらともみ》使節団に加わって渡米し、アメリカ人の家庭に入った。今でいうホームステイである。その受け入れたアメリカ人家庭の主婦が津田家に手紙を書いて寄こしている。

「こんなに躾《しつけ》の行き届いた小さい子を私は知らない。こんな五歳の子でも本当に立派な立ち居振る舞いをしている」と。当時の日本人がいかに礼節を重んじてきたかを窺《うかが》い知る一つのエピソードである。

それはまた、アーネスト・サトウなどをはじめ日本に来た外国人が、日本人の暮らしぶりを見て感嘆して書いた日本賛歌の文章でも証明されている。それらをまとめたものの一つに、渡辺京二著の『逝きし世の面影』という本がある。

そこには日本人本来の民族性が見事に明らかになっている。多くの外国人が日本人はこまで教養があり、礼節のある国民であることを知らなかったという驚嘆の思いが詳細に綴《つづ》られている。

例えば、イギリスの詩人であり、ジャーナリストであったエドウィン・アーノルドはこう言っている。「日本には礼節によって生活を楽しいものにするという、普遍的な社会契約が存在する。子供へのこんなやさしさ、両親と老人に対するこのような尊重、洗練された趣味と習慣のかくのごとき普及、異邦人に対するかくも丁寧《ていねい》な態度、自分も楽しみひとも楽しませようとする上でのこのような熱心……この国以外のどこにこのようなものが存在するというのか」。いささか気恥ずかしい思いにもかられるが、そうした感性が日本には確かに存在していたといえるのではないか。

だからこそ、フランスの駐日大使であり、詩人としても有名なポール・クローデルが、先の大戦で日本敗戦の気配が濃くなって来た時に、次のように語った言葉も頷《うなず》けるのである。

「私が決して滅ぼされることのないようにと希《ねが》う一つの民族がある。それは日本民族だ。あれほど興味ある太古からの文明を持っている民族を私は他に知らない。あの最近の驚くべき発展も私には少しも不思議ではない。彼らは貧乏だがしかし彼らは高貴だ」

■一身を犠牲にされた昭和天皇様

こうした「公」を大切にする心、礼節を重んじる心、高貴な心、といった日本人の美しい心の源泉には、厳として天皇様が中心にいらっしゃり、天皇様の日々の祈りがあったことを忘れてはならないのである。

昭和五十六年、ローマ法王ヨハネ・パウロⅡ世が日本に来て昭和天皇様と会見されたが、その後パウロⅡ世は「日本人の心の美しさの根源がわかりました」と語ったのである。

とりわけ、昭和天皇様は、日本の歴史未曾有の敗戦をはじめ、日本興亡の苦難の時代に先頭に立って日本の行くべき道を切り拓《ひら》いて来られた。そして危機の時代であったが故に、一層明確に天皇様の御本質を明らかにされた。これから紹介する逸話は日本民族にとって子々孫々に語り伝えるべきものの一つであろう。

昭和二十年八月十五日、日本はポツダム宣言を受諾して大東亜戦争の敗戦を迎える。この時の昭和天皇様の御製《ぎょせい》の一つはこうである。

爆撃にたふれゆく民をおもひいくさとめけり身はいかにならむとも

そして、天皇様は連合国軍最高司令官マッカーサー元帥との秘密裏の会見に臨まれる。所はマッカーサーが居住していたアメリカ大使館の公邸であった。

マッカーサー元帥は、天皇は命乞いにきたのであろうとばかり思っていたので、服もあらためず、出迎えもしなかった。自分の机の席で足を組んでパイプをくわえたまま動こうともしなかった。陛下は机の前まで進まれ、挨拶の後、おおよそ次のようにおっしゃった。

「今回の戦争の責任はまったく自分にあるのであるから、自分に対してどのような処置をとられても異存はない。次に戦争の結果、現在国民は飢餓に瀕している。このままでは罪のない国民に多数の餓死者が出るおそれがあるから、米国に是非食料援助を御願いしたい。ここに皇室財産の有価証券をまとめて持参したので、その費用の一部に充てて頂ければ仕合わせである」そして大きな風呂敷を元帥の机の上に差し出された。

この時の感激をマッカーサーは次のように綴《つづ》っている。

「私は大きい感動にゆすぶられた。死をともなうほどの責任、それも私の知り尽くしている諸事実に照らして、明らかに天皇に帰すべきではない責任を引き受けようとする、この勇気に満ちた態度は私の骨のズイまでもゆり動かした。私はその瞬間、私の前にいる天皇が、個人の資格においても日本の最上の紳士であることを感じとったのである」

そしてこれまで姿勢を変えなかった元帥がやおら立ち上がって陛下の前に進み、抱きつかんばかりにして御手を握り、「私は初めて神の如き帝王を見た」と述べて、陛下のお帰りの時には元帥自ら出口までお見送りの礼をとったというのである。陛下の身を捨てての行動が国民を餓死から救ったのである。

幕末の歌人であった八田知紀《はったとものり》という人は、この日本の国が、どんなに一時濁って危機に見えていても、日本の天皇様を中心とする国柄に帰る時、本来の姿に澄みかえることを次のように歌っているのである。

いくそたびかき濁すともすみかえる水や皇国《みくに》の姿なるらむ

日本の危機の今こそ、昭和天皇様のような御心《みこころ》に身を捨てて応える政治家の出現が必要なのである。私は、初代の神武天皇様以来、二六七〇年の「国安かれ、民安かれ」という天皇様の無私の祈りの伝統の地平に立って、国の再興をはじめなければならないと強く思うのである。

第三章　日本の近代化はいかにして達成されたか

■歴史を背負って立つ政治家の覚悟

私の人生観、国家観、世界観は、谷口雅春師著『生命の實相《じっそう》』を読んで育まれた。目先のことや物質を中心とする考え方から、もっと大きな大自然というものから物事を観る、あるいは「心」というものをもっと大切にするという考え方に大きく変わっていった。

この谷口雅春師の御著書を読んでいると、自分の中に日本の歴史が豊かに息づいており、脈打っていることに気づき、日本の歴史に関心を持つようになったのである。

私は運輸省や経済産業省の大臣なども経験させて頂いて、今日の日本の政治家は、日本の歴史・文化・伝統を背負って立つ気概と覚悟が最も求められており、そうしたものがない限り、外交交渉などにおいても政治家としての迫力が生まれてこないと思うようになった。

その意味で、今の政治家は一言でいえばサラリーマン的な政治家が多すぎる。国会には七七二名の国会議員がいるが、本当に本気で日本の将来のことを考えて政治家になっている人が少ないように思える。たまたま給料のいい職についたというように思っている者もいるのではないか。この前の小泉ブームや民主党の小沢ガールズと言われる人の中にもそういう人がいる。

私の尊敬する政治家の一人は伊藤博文公である。彼は明治の初期、岩倉欧米視察団の副使として加わった。そしてサンフランシスコの歓迎会で次のように述べ、大喝采を浴びたのである。

「日本はいまや水平線から出たばかりの太陽である。太陽が暁の雲からのぼったときは、まだ光が弱く、色も薄い。だが、やがて中天にかかったときに輝きわたるように、日本は、世界に雄飛し、日の丸の旗は尊敬の念をもたれることになるだろう」

その言葉のごとく、伊藤公は憲法調査に一身をかけ、日本の歴史を踏まえた大日本帝国憲法を作り上げ、近代国家として欧米から称賛されるようになった。そうした伊藤公を思うにつけ、私は日本の歴史を背負って立つ覚悟の政治家でありたいと思うのである。

■明治維新成功の要因

日本は、幕末の動乱から明治維新を達成し、西欧列強が植民地化を目指して東洋に押し寄せてくる中で、いかに自主独立を保ち、いかに生き延びようとしてきたのか。NHKの歴史大河ドラマで「龍馬伝」が放映されているが、現代の状況と似ているだけに学ぶものは大きい。そして、この時代について語るには、ペリーの黒船来航から話を始めねばならない。

一八五三年、アメリカのペリーは黒船艦隊を率いて浦賀沖に来航した。彼はここに、停泊し、号砲を放ち、武力の威圧をもって江戸時代の日本に開国を迫ってきたのである。これに対し幕府は、近代化されたアメリカ艦隊とその威嚇《いかく》に度肝を抜かれ、驚嘆し、何の手立ても打つことが出来なくなる。いかに驚き慌てふためいたかは、当時流行した狂歌で十分に窺《うかが》い知ることができる。

　泰平の眠りを覚ます上喜撰《じょうきせん》たった四杯で夜も眠れず

そして、日本はアメリカの武力による恫喝《どうかつ》に屈し、一八五八年、日米修好通商条約を結び、開国することになったのである。ちなみにこの条約は、①外国人の治外法権を認める、②日本に関税の自主権がない、などその後の日本を苦しめ続ける不平等な条約であった。

この開国とは何を意味したか。当時、アメリカの他にもイギリス、フランス、オランダ、ロシア等の欧米列強が植民地を求めて日本へ接近していた。日本は植民地化されて奴隷の平和に甘んじるか、さもなくば自主独立を全うするためにいずれ争いは避けられない運命にあると覚悟を定めるか、を意味していたのである。その意味で日本が近代化を迎えた時代は、日本にとっては不幸な時代のめぐりあわせであったとしか言いようがない。外交交渉で解決を求めようとする現在と違い、生きるか死ぬかの弱肉強食の大変厳しい時代であったという厳粛な事実を考慮に入れなければならない。

現に、隣の清国がアヘン戦争に敗れ、イギリスに植民地化されつつあるなどの情報も日本に伝わり、このままでは日本は植民地化されてしまうとの危機感が日本中に高まっていた。江戸幕府を倒し天皇を中心に国民が一致団結して外国を追い払おうとする尊皇攘夷派、今は幕府の決定に従うという佐幕開国派、さらには開国して近代の技術を学び実力を養い日本の独立を図る開国攘夷派など様々な考えが錯綜し、吉田松陰、西郷隆盛、橋本左内、坂本龍馬などの幕末の志士が奔走する。国内は、尊皇倒幕派や佐幕派などが三つどもえ、四つどもえの激しい衝突を繰り返していく。そして遂に明治維新が断行され、江戸幕府を倒して、天皇を中心とした近代明治政府が樹立されることになるのである。

こうした国を分裂させるような動乱の中で、なぜ明治維新が成功したのか。その大きな要因は、日本の長い歴史の中で培われた天皇様の伝統と威光であり、それを背景にした天皇様の統合力が光を放ったからである。逆にいえば、天皇様がいらっしゃらなければ、日本は混乱が続き、欧米列強の餌食になり、征服されていたであろうと考えられるのである。

戦後、占領下の圧力の中で神道を守り抜こうとした一人に葦津珍彦《あしづうずひこ》氏という論客がいたが、彼はそのことを端的に次のように語っている。

「アジアの諸国では、どこにも憂国の先覚者があり、その英知と勇気においては、決して日本の志士たちに劣らない人材があった。しかしそこにはあらゆる階級、身分、学統の固い別があり、各藩(各地方)の対決の壁は厚かった。それを越えて、すべてのネイション(民族・国民)を精神的に統合しうる核(祭り主)がなかった。それで狡智《こうち》な列強のためにその間隙を利用され、分割され征服された。

十八世紀の悲壮なアジアの亡滅史を、ただ表面の現象だけでなく深くその背景を見るがいい。どこにも感歎すべき志士があった。日本人だけが賢かったなどと思う者があれば、それは浅薄で無知な増上慢にすぎない。ただ日本の永い精神文明伝統の中にも、身分階級、学閥学派の別もあり、各藩対決の壁もかなりに強いものがあったけれども、その壁を乗りこえて、日本人を同一の皇国の民と信じさせる精神があった。それが活発な公議公論をおこし、しかも民族を分裂に終らせないで統合させた。そこにのみ、アジアでただ日本でのみ維新に成功し、列強の近代的風濤《ふうとう》に対応し得る力の基礎があった。

明治天皇が、人間的にも英明であらせられたのは明らかだが、維新の時は御年十五歳。天皇の知謀によって維新ができたのではなく、維新は『祭り主』としての天皇の『存在』によって成功したのだ。私の親しい中国の文明史家が嘆息したことがある。『明治日本の人物は確かに優秀だが、その時代の近代中国の人物には、さらに優れた人物があった』と。これは勝海舟なども同じような話をしている。しかしてその中国人は云《い》う。『それなのに近代中国が日本より半世紀もおくれてしまったのはなぜか。人材には事欠かなかったが、あの精神的伝統を背景に有するただ一人の明治天皇が、中国にはなかった』（『天皇——

日本人の精神史』）

日本は、幕末だけでなく、元寇《げんこう》、大東亜戦争敗北といった歴史的危機を迎える度《たび》に、この祭り主としての天皇様の権威と存在が国民の統合をはかり、日本を救ってきたのである。

このことは、今後の日本の歴史の中で、危機的状況を迎える度に示唆に富む教訓であろうと思われるのである。

■「富国強兵」と「殖産興業」という国家ビジョン

明治維新を達成し、自主独立を図るために、近代日本としては「富国強兵」の選択肢しかなかった。「富国強兵」は今でも語られる言葉であるが、実はその裏付けとして「殖産興業」があったのである。現在で言えば、経済不況の中で言われるところの「経済成長戦略」である。

明治時代、日本はまだ貧しい国であった。明治政府は「太政官札《だじょうかんさつ》」という政府紙幣を発行して、富岡の製糸工場、八幡製鉄所などを建設して産業を興していったのである。

また、軍隊もフランスの軍事顧問団を雇うなどして軍事訓練の見直しを図り、苦しい財政事情の中で最新装備を揃《そろ》え、機能的な訓練を重ねる中で世界が刮目《かつもく》する近代化を成し遂げようとした。

なぜ、日本人がそれを成すことが出来たのか。それは江戸時代の教育にその淵源が求められる。全国で武士のみならず、町人の間にも、寺子屋という教育機能が及んでいたのである。そこでは、子供達に読み書き、ソロバンを教え、その上に素読《そどく》というものがあった。四書五経の素読である。この素読は、非常に日本人の脳を鍛えるのには良い方法であった。「子曰《しいわ》く」というのは小さい子どもにはわからないが、それを繰り返し読んでいるうちに、段々その意味が分かってくるようになる。

さらに日本語には、漢字とひらがなとカタカナがあり、これをうまく組み合わせて使うことによって、頭脳が非常に鍛錬されたのである。

今、東京の世田谷区は、『日本語』教育特区の認定を受け、独自の教育を行なっている。それは世田谷区の英断で「深く考える子どもを育成する」、「自分を表現することができ、コミュニケーションができる子どもを育成する」、「日本の文化を理解し大切にする子どもを育成する」という三つの狙いをもとに、「美しい日本語を世田谷の学校から」をスローガンに平成十五年から取り組んで、日本語教育を徹底して行なっている。

私は世田谷区立船橋小学校の二年生の「漢文」の授業を参観したことがある。小学校二年生が漢文を学ぶのだ。小学一年生では漢字を四十三語しか教わっていない。その子供達に孟浩然《もうこうねん》の「春暁《しゅんぎょう》」の詩を教えるのである。無謀と言えば無謀である。

先生が「春眠《しゅんみん》　暁《あかつき》を覚《おぼ》えず　処処《しょしょ》　啼鳥《ていちょう》を聞く　夜来《やらい》　風雨の声　花落ちることを知んぬ多少ぞ」などとまず読むのである。そして春という字は一年生で習ったけれども、「春眠」の「眠」という字は知らない。先生が「眠」は「ねむる」ということで「春眠というのは、春にねむるということですよ」と言えば、小学二年生の子供の頭の中に、その意味がスッと入る。「暁《あかつき》」という字はもちろん知らない。今高校生でも読めない子が多い。「暁というのは明け方のことですよ」というようにまた先生が教えるのである。「春暁」という文字を解説していくと、小学二年生は、習っていない漢字もみんな頭の中に入ってしまう。そこで、黒板にその「春暁」の詩を書いて、子供達みんなで素読《そどく》する。子供達は先生について一所懸命読んでいく。

その後、子供達は班に分かれて、「春暁」を口々に声を出して読んでいく。授業が終わる頃には「春眠　暁を覚えず　処処　啼鳥を聞く　夜来　風雨の声　花落ちることを知んぬ多少ぞ」と空で朗読するようになってしまう。もう保護者をはじめ大人達が吃驚《びっくり》してしまう。いかに寺子屋教育が効果的であったかを目の当たりにするのである。

当時の世界からみても、明治の国民の教育水準、道徳性、民度は高かったのである。だから、あのような短期間で近代化を実現することが出来たのであり、このことによっても教育の重要性を思わずにはいられない。

■「五箇条の御誓文」と「教育勅語」――明治の精神

また、明治の指導者も、司馬遼太郎著『坂の上の雲』に描かれているように、近代日本の国作りに燃えて生き生きとしており、大変立派であった。明治天皇様の下で作成された「五箇条《ごかじょう》の御誓文《ごせいもん》」や「教育勅語《きょういくちょくご》」などの精神は、今でも学ぶことが多い。

「五箇条の御誓文」については、「旧来の陋習《ろうしゅう》を破り天地の公道に基づくべし」など、まさに新政府の基本精神にふさわしく格調高い内容であった。また、次のようなエピソードも残されている。

占領下で、アメリカは、日本弱体化を図るために、日本の天皇様の神聖性を打ち砕き、国民との紐帯《ちゅうたい》をなくすことを意図して「天皇の人間宣言」を強要した。しかし、昭和天皇様の国民を信頼されるお心は一貫されていたから、国民との紐帯には自信をお持ちになっておられた。それよりも、アメリカに民主主義を押しつけられなくとも、日本には以前より根付いていることを示すために、「五箇条の御誓文」を付け加えられたと承っている。

昭和天皇様はこの年、次の御製《ぎょせい》を詠われているが、昭和天皇様の深い御心が伝わってくるようである。

ふりつもるみ雪にたへていろかへぬ松ぞををしき人もかくあれ

日本には、「万機公論《ばんきこうろん》に決すべし」という多数決の民主主義形態は、アメリカよりずっと前の神話の時代からあるのである。多くの方がよくご存じであるが、天照大御神《あまてらすおおみかみ》様が天の岩戸隠れをされる場面である。この時、天津神《あまつかみ》が天《あめ》の安河《やすかわ》にお集まりになり、思兼《おもいかねの》神様《かみ》を議長にして、天照大御神様にお出まし戴くためにどうすればよいかと話し合い、智慧を出し合う。「万機公論《ばんきこうろん》に決すべし」という民主主義の原理はアメリカに教えてもらわなくともよい、という昭和天皇様の確固たるご確信がおありになっていたのである。

また、「教育勅語」などと言うと、マスコミなどはすぐに軍国主義者というレッテル貼りをしたがるが、本当に素直に読めば、軍国主義的な思想は何一つなく、大調和の精神で貫かれており、夫婦仲良くしましょう、親に孝行しましょう、兄弟むつまじくしましょう、など当たり前の大切なことが書かれているだけである。

旧西ドイツの首相であったコンラッド・アデナウアー氏は、かつて日本を訪れた際、教育勅語のドイツ語訳を読んで、その素晴らしさに驚嘆し、「日本人はどうして、このような尊い教育勅語を捨てたのであろうか。その心底がわからない」と言ったという。そして教育勅語の原本とドイツ語訳を本国に持ち帰り、これを自分の書斎に飾っただけでなく、当時の西ドイツの青少年に対して、日本の教育勅語について語り聞かせたことは有名である。

さらに付け加えると、教育史研究家として名高い結城陸郎氏は、「教育勅語」を高く評価して、「永い日本の歴史と伝統の底に一貫して流れている『愛』と『和』による『日本の心』から生れた人間本然の姿・時処位にかかわらず適用される普遍的道徳律を明らかにし、教育究極の目的が簡明に表明されたものである」と述べているが、注目すべきことは、こうした評価の根拠の一つとして、「戦前のアジア教育会議や戦後の比較教育学者世界会議において均《ひと》しく賞賛され、『万有引力の法則の如く不変の徳目』と評された」との海外での「教育勅語」の高い評価があったことを証言しているのである。

■日本の伝統文化と近代憲法学の融合の結晶――大日本帝国憲法

明治維新によって日本は近代国家として歩み始めるが、その大綱は、天皇様の精神的権威の下に近代統一国家としての機構を固め、その国政は公議公論によって決するということであった。いわゆる「五箇条の御誓文」に凝縮された精神こそが立憲主義の源流といえるものである。

板垣退助等の自由民権運動が活発になるにつれて国会開設の要望が高まり、明治天皇様は明治十四年、国会を開設し、憲法を制定すべきことを天下に示された。

この天皇様のご裁断によって、政府の側では将来の憲法構想を立てるにあたり、岩倉綱領なるものを作った。これを基礎にして、一八八二年、憲法調査のために伊藤博文、金子堅太郎らはヨーロッパに渡ったのである。

しかし、現地ではなかなか憲法調査の実績もあがらず、彼らは苦悶の日々を過ごすのである。そして、伊藤博文は、シュタインというドイツの憲法学者に出会うのである。伊藤博文は率直にどういう憲法を作るべきかを尋ねる。するとシュタインは、「法というものは民族精神、国民精神の発露であるから、他国の模倣ではなく、日本の国柄に基づいて作りなさい」と答え、適切な指導を行なうのである。

伊藤博文は、その言葉で目覚め、憲法構想の方針が定まるのである。日本の歴史・文化・伝統に基づくところの憲法作成に自信を得て、憲法起草に着手する。今風にいえば国のアイデンティティをしっかりと定めてから憲法起草にとりかかったのである。

もちろんドイツだけではなく、イギリス、フランス等の外国人の助言を得ながらも、日本固有の原理に従い、憲法が定められて行くのである。

そして、この憲法は、国家国民の基本的統治理念として、『古事記』の「出雲の国譲り」

の段《くだり》で発見した「シラス」「ウシハク」の概念に注目する。「ウシハク」は国土国民を私有財産のごとく所有するという概念であるのに対し、「シラス」は国家統治の公共的性格と国民の福祉を示すものであるとして、この「シラス」の統治観念が採用されたのである。

よく大日本帝国憲法は、日本国憲法との比較で「軍国主義を招いた」との悪法のイメージがあるが、当時、国内外から、日本の国柄に基づく良法であると称賛されたことは記憶に留めておかねばならない。

例えばハーバード・スペンサーは日本でもよく知られた社会進化論者であったが、その彼でさえ、「日本の憲法は日本古来の歴史習慣を本とし、漸進保守の主義をもって起草されたりと。然《しか》らばすなわちこの憲法は余の最も称賛すべき所なり」と評価していたのである。

また、金子堅太郎は、恩師でもあったアメリカ連邦最高裁判所判事のオリバー・ホームズにも意見を求めたが、彼は、「この憲法につき、予が最も喜ぶ所のものは、日本の憲法、古来の歴史・制度・習慣に基づき、しかしてこれを修飾する欧米の憲法学の論理を適応せられたるにあり。」と絶賛したのであった。

よく大日本帝国憲法は、ドイツのビスマルク主義を採用した憲法であるといった間違った説明をしている者もあるが、確かに伊藤博文はビスマルクに傾倒した時もあったが、もう一人の中心的憲法起草者であった井上毅《こわし》は「もしもビスマルク主義の法典を作るほどならば、憲法はつくらぬがいい」と言った程で、外国の助言を得つつも、あくまで日本の固有の歴史伝統から馴染《なじ》まないものは排除したのである。

こうして日本の国柄、アイデンティティをしっかりと踏まえ、七年間の月日をかけて出来上がったものが大日本帝国憲法であったのである。憲法学者もいないアメリカのGHQの役人が集まって、一週間で作り上げた日本国憲法とはわけが違うのである。

我々は、もとの大日本帝国憲法に戻ろうというのではなく、自主憲法を定める際に、大日本帝国憲法制定において重要視された、日本の歴史・文化・伝統をしっかり押さえる点に注目する必要があり、その制定過程と手順を学ぶことは大いに新たな憲法作成の参考になると考えるのである。

■朝鮮をめぐる日本と清国――日清戦争

明治の日本は、ひたすら欧米列強の植民地化を跳ね返し、自主独立を保つことに邁進した。その中で、自主独立を確実にするためには朝鮮半島の政治治安の安定が不可欠であり、そこに立ちはだかっていたのがロシアの南下・侵略の脅威であった。この当時の複雑な国際状況を理解しない限り、不幸にして戦争が起こらざるを得なかった事情は理解しえないのである。

戦後教育の中で誤って植え付けられた単純な日本侵略史観では、歴史の真実は見えてこないのであって、事実に基づく冷静な眼差しで検証し直す必要がある。

あえて誤解を恐れずにいうならば、当時の欧米列強が植民地化を狙うアジアの中にあって、日本は、独立国としての自由を望むのか、植民地化された奴隷の平和を望むのか、の選択を迫られたのである。そして誇り高き先人達は自主独立の道を選択し、それを選択した以上戦いは避けられなかったというのが真実なのである。そして、この選択は自尊心のある国民ならば誰もが納得するものであった。

明治政府は、日本の安全にとって不可欠な朝鮮に、独立国としての修好及び近代化を求めた。しかし、当時の朝鮮は、それに応じず、しかも国内では、清国と通じて清国の属国的地位に甘んじる一派と、朝鮮独立を求める一派との内部抗争が次第に激化していった。その内部抗争が、農民一揆が暴動化した東学党の乱を契機に一気に吹き出したのである。それで朝鮮の自立独立を求める日本と朝鮮を属国にしておきたい清国が共に朝鮮に出兵する機会となり、そこで日本と清国が干戈《かんか》を交えることになったのである。

誤解なきよう何度も言うが、ここにはロシアの脅威が厳然とあり、日本の独立安全のために、朝鮮には独立と近代化を求めざるを得なかったのである。

日清戦争は、世界の大方の予想に反し、極東の小さな日本が眠れる獅子といわれた清国に勝利する結果となった。

日本は、清国と講和条約を結び、正当な戦争賠償として遼東半島などを譲り受けることとなったのである。しかし、清国は敗戦したにもかかわらず、内心それを快く思っていなかった。そこで、清国は、中国の伝統的外交策略である、第三者を利用して相手を制し、あるいは自国の利をはかる以夷制夷《いいせいい》（辺境の蛮族をもって辺境の蛮族を打ち破る）の策略を用いたのである。即ち、清国が依頼して、ロシア、フランス、ドイツの三国が武力の威圧の下に、日本に遼東半島の返還を求めてきたのである。当時の日本は、三大強大国を相手に新たな戦いをする余力はない。従って、涙を呑んで遼東半島を返還したのである。いわゆる臥薪嘗胆《がしんしょうたん》である。

一方、清国は、そのツケを払わされることになるのである。清国は三国干渉の返礼として、遼東半島をロシアに、威海衛《いかいえい》をドイツに、そしてフランスには海南島や広西・雲南両省を奪い取られることになってしまうのである。これが当時の弱肉強食の国際社会の冷厳な事実であった。

■世界史を変えた日露戦争

ロシアは昔から帝国主義的な政策で周辺諸国を侵略し、領土拡張を繰り返してきた国である。二十世紀に入り、ロシアは清国から沿海州をとり、満州に進入し、遂には朝鮮にまで手を延ばし、内政干渉を行なって朝鮮をロシアの勢力下に置こうとしていた。

日露戦争を引き起こす契機となったのは、義和団事変と呼ばれる中国の拝外主義運動であった。一九〇〇年(明治三十三年)、中国・山東省に発生した義和団という宗教一派の排外運動は、西洋伝来の文物を破壊し、キリスト教徒を殺害し、遂に北京公使館区域を包囲するまでに至った。そのため、日本をはじめ世界八ヵ国が連合軍を派遣し、その義和団の包囲網を解除した。翌年、連合国と清国の間で義和団事変最終議定書が調印され、事変は決着した。この議定書で清国は各国に十二ヵ所の駐兵権を認めたのである。ちなみに昭和十二年に起きた支那《しな》事変で、既に日本は中国に駐屯していた、それこそが侵略ではないかと主張する人がいるが、日本軍は侵略のために駐屯していたのではなく、この議定書で交わされた駐兵権に基づいて駐屯していたことを明確にしておかねばならない。

その義和団事変で満州に侵入したロシア軍は、事変終了後も一向に満州から撤退しようとしなかった。明治三十五年(一九〇二年)、日本は日英同盟を結びロシアの侵出を阻止しようとする。するとその威圧が効果を奏し、露清の間に協約が結ばれ、ロシアは三期に分けて満州から撤退すると約束したのである。

ところがロシアは第一期のみ撤退したが、それ以降駐留し続け、撤退どころか韓国内に軍事進出し、韓国をロシアの勢力下に置こうとしたのである。

さらに、三国干渉により日本が涙を飲んで還付した遼東半島に、ロシアは軍港を築き、日本を脅かそうとしたのである。日本は再三に渡りロシアに対して誠意ある交渉を求めたが、ロシアはそれに応じなかった。ロシアの侵略意図が益々明らかになっていくのである。

日本は、朝鮮半島がロシアの勢力下に入ると日本の独立が危険に晒《さら》されることになる。日本中に危機感が高まっていった。

こうした状況の中で、明治天皇様はかの有名な御製《ぎょせい》を詠まれるのである。

四方《よも》の海みなはらからと思ふ世になど波風のたちさわぐらむ

明治天皇様のお気持ちを受けて、明治政府は大国ロシアとの戦争を回避するために懸命の努力を尽くすがロシアは聞き入れず、一九〇四年、ここに日露の戦端が切られたのである。

この時、イギリス、アメリカはロシアの力を牽制するために日本に対し同情的であり、援助もしてくれた。しかし、世界中のどの国も世界第一の陸軍国ロシアに日本が勝利するとは予想だにしなかった。

東郷平八郎元帥は、〝皇国の興廃この一戦にあり、各員一層奮励努力せよ〟との合言葉のもと、日本海大海戦においてバルチック艦隊を全滅させた。

一方、乃木希典《まれすけ》大将も、難攻不落といわれた旅順を落城させ、極東の一小国であり、有色人種の国の日本が、世界の強国であり、白色人種の国であるロシアに勝利したのである。

この日露戦争の勝利は、その後の世界史に多大なる影響を与え、特にアジア・アフリカ諸民族に大きな勇気と希望をもたらしたのである。

それまで、東洋民族は、欧米勢力に数百年にわたり植民地支配を受け、屈辱と悲哀、さらには劣等感で呻吟《しんぎん》し苦しんでいた。しかし、日本がロシアを打ち破ったことがアジア諸民族に大きな勇気と希望を与えたのである。アジア諸民族は日本の勝利に驚嘆し、自らの民族の自決、独立運動に起ちあがり、岡倉天心が述べた「アジアの目覚め」が始まったのである。

インドの元首相、故ネール氏は、「この時、私はまだ十六歳の少年であった。しかし、私はその頃起こった日露戦争、そしてこの戦争における日本の勝利に非常な感激を受けた。私は当時は日本とロシアの双方について多くのことを知るところがなかったが、しかし、少年の私の胸にもヨーロッパのアジアに対する侵略の波を阻止した日本の姿が、アジアの英雄のごとく映った。アジアを隷属化せんとするヨーロッパの侵略的勢力に対して、当時の日本はアジアの決意の象徴のごとく起ちあがったのである。

この時の感激が私の脳裡にアジアに対する感情を呼び覚まし、やがてインドも独立を達成して他のアジア民族を助けて、ヨーロッパの桎梏《しっこく》から解放せねばならぬという自覚を抱くに至ったのである。この時以来、私は常に日本に対して大きな尊敬を払うようになった」と語っている。

東洋及びアフリカ諸民族の解放と独立という最初のきっかけをつくったのは、明治維新を成し遂げ、日露戦争でロシアを破った日本であったのである。

■乃木将軍とステッセル将軍――水師営の会見

戦争とは不幸な出来事であることは間違いないが、日本軍は祖国日本を守るために勇敢に戦い、それだけでなく敵の将兵達にも節度ある態度で接した。中でも日露戦争における水師営《すいしえい》の会見は有名である。ここに明治日本人の高貴なる精神が見事に発揮されている。こうしたことを書くと、すぐに偏見をもって〝戦争賛美〟と非難する人がいるが、そうではなく、明治の精神の芳醇《ほうじゅん》なる魂の豊かさを見るのである。

一九〇五年、いよいよ旅順の戦いが終わると、乃木将軍は早速、敵将ステッセルに葡萄酒一ダース、お酒一ダース、鶏一ダースなどを贈り、長い間の苦労を労《いた》わったという。明くる日は乃木将軍とステッセル将軍の会見である。この歴史的名場面を記録しようと、英国のパーマン社が活動写真機でその場面を撮影した。しかし、その撮影場面は乃木将軍が水師営に乗り込んで行く場面だけであった。ステッセル将軍との会見の模様は撮影されなかった。どうしてそうなったか。乃木大将は、敵将ステッセルを撮影することは忍びない、武士の情けで撮影を許可しなかったからである。この一事をとっても、会見の場でどのような感激的なあたたかい精神の交流がなされたか、想像がつくというものである。

この会見において、乃木大将はステッセル敵将に剣を腰に帯びる佩剣《はいけん》を許し、対等の礼をもって応待した。勝者が敗者に対する風は少しもなかったのである。

また、ステッセル将軍は自分の愛馬一頭を乃木大将に贈ることを申し出た。しかし乃木将軍は厚意には感謝したが、私物として受け取ることを固辞し、「後日、軍の規則に従って受け取ることになれば、末永く可愛がり、養いましょう」と答えたのである。士道をわきまえ、公私の別を正した乃木大将らしい床《ゆか》しさがこの返答のなかにもあらわれているのである。

さらに日露戦争が終結し、ステッセル敵将が軍法会議にかけられ死刑になることがわかると、乃木大将はかつての幕僚を使って新聞に寄稿させ、ステッセルは卑怯者ではないと証明したのである。そのためステッセル敵将は、死一等を減ぜられ、死刑を免れたのである。さらには度々乃木大将は生活に困っているステッセル敵将にお金を送っていた。しかし、ステッセルはそのお金にはまったく手をつけず、乃木将軍が明治天皇様に殉死された時、彼は自分の名を秘して、「ロシアの一僧侶より」として香典を贈ってきたと言われている。

こうした礼節を重んじ、慈愛ある精神が横溢していたからこそ、私は、日本が世界が刮《かつ》目《もく》する近代化を成し遂げることが出来たのであると思うのである。

第四章　大東亜戦争とは何であったか

■日本は侵略国家か

戦後の歴史教育では、日本が一方的に中国大陸を侵略して、南京大虐殺などの悪逆非道な行為を行なったという紋切り型の歴史観が教えられ、日本は悪い国、恥ずべき国という意識が日本人の間に浸透してしまっている。隣の中国、韓国、北朝鮮に対して、その贖《しょく》罪《ざい》意識が政治外交のみならず、経済活動、民間交流においても働いているように思えてならない。

しかし、現代では、これまで公開されなかった文書による新たな事実が発見され、大東亜戦争の研究が進むなどして、従来から言われてきた「日本は侵略国である」という見解をもう一度、事実を検証して見直す必要に迫られて来ているのである。

例えば、この日本を侵略国として断罪したのは戦後の極東軍事裁判であったが、その裁判を実施させた超本人のダグラス・マッカーサーは、戦後わずか六年目の一九五一年（昭和二十六年）にアメリカ上院軍事外交合同委員会で日本が戦争に突入したのは安全保障のため、即ち自衛のためであったと証言したのである。彼は言う。

「日本は、絹産業以外には、固有の産物がほとんど何もないのです。彼らは綿がない、羊毛がない、石油の産出がない、錫《すず》がない、ゴムがない。その他じつに多くの原料が欠如している。そしてそれら一切のものがアジアの海域には存在していたのです。

もしこれらの原料の供給を断ち切られたら、一千万から一千二百万の失業者が発生するであろうことを彼らは恐れていました。したがって、彼らが戦争に飛び込んでいった動機は大部分が安全保障の必要に迫られてのことだったのです」

ここで私は、大東亜戦争を見直し、戦後教育の中で植え付けられた贖罪《しょくざい》意識を払拭したいと思うのである。そうすることによって、日本は、靖国問題などの国家の精神的基盤である根元的問題を解決し、中国や韓国への卑屈外交から毅然《きぜん》とした日本独自の外交を取り戻すことができると思うのである。そして、次代への明るい日本の将来の展望が切り拓かれていくと信ずるのである。

■満州事変勃発の経緯

満州は、元来中国の辺境地として放任され、人口も少なく未開の地であった。しかし日本が日露戦争で勝利し、ロシアより受け継いだ旅順、大連の租借地、南満州鉄道の運営によって次第に開発され、産業が起こり、関東軍により治安が確保されて安全で豊かな地域と変わっていった。やがて、年間百万人に近い移民が中国本土から流れ込み定住するようになり、人口は三千万にも及ぶようになった。

この満州開発の中心になったのは、もちろん日本であり、莫大な資金と労力を要したのであった。日清戦争当時三千万の人口であった日本は、その三十年後六千万と倍増し、この莫大な人口をいかに養うかが日本の国策の根本を揺り動かす問題となったのである。そして、この満州は日本人が生きるための唯一の拠《よ》り所《どころ》となり、生命線として位置づけられていったのである。

特に、満州の権益は、日本が存亡を賭けて戦った日露戦争の勝利によってもたらされたものであり、この満州の保全は、日本のように食料が不足し、資源に乏しく、激増する人口の捌《は》け口を他に持たない島国にとっては実に死活的大問題であった。加えて、ロシアの脅威を考慮した自衛上からも必須の地域であったといえる。

満州は中国本土とは別個の立場にあった。清朝末期の混乱、さらに孫文による一九一二年の辛亥《しんがい》革命以後の中国における無政府状態、軍閥割拠の時代にあって、満州は日本の満州鉄道を中心とする満州開発によって新天地が作られつつあったのである。漢民族がこれまで満州を支配したことはほんどなかった。そのため、中国本土から過去において一顧だにされなかった満州は、日本の支援を受けてこの地方の王者となった張作霖《ちょうさくりん》によって統治され、特殊地域として一種の自治領的性格をもっていたのである。

こうして日本が営々と満州開発に取り組んで来た時、満州に目をつけ、手を出してきたのがアメリカとイギリスであり、鉄道建設に乗り出し満州鉄道を封殺しようとしてきたのであった。それまで日本の絶大なる援助によって満州に大きな力を持っていた張作霖が、今度はアメリカ、イギリスと結びつき、両国の策謀に乗せられるようになってしまったのである。彼は、明治二十八年に結んだ日本と清国との満州鉄道併行線敷設禁止協定を破り、満州鉄道と併行する鉄道を一九一二年に建設したのである。

さらに彼は、無謀にも日本人の「商租権」「満蒙移住権」「工場経営権」などを次々と蹂《じゅう》躙《りん》破棄し、各地で日本人を圧迫しはじめた。また、張作霖は、満州百万の朝鮮人を迫害し、また日本人、朝鮮人と商取引をして家屋、農地を貸与する満州人、中国人を投獄するなどの迫害と圧迫を加えていった。

そうして、満州への共産主義勢力の波及とともに、各地に排日、侮日《ぶにち》運動を起こさせ、日本人の生命、財産が危険にさらされることになった。この緊迫した状況の中では、どんな小さな火花でも大爆発の原因になり得るほどの状態となったのである。

アメリカ、イギリスは、張作霖を裏から操り、煽動指嗾《しそう》して排日運動にかりたて、その隙に乗じて、自己の勢力を満州に拡大しようとしていた。

一九二八年、張作霖は蔣介石の北伐で追われて満州の奉天に向かう途中で列車爆破により暗殺される。これまで日本の関東軍の陰謀と言われてきたが、ソ連諜報機関の資料が発掘され、イギリス諜報部の資料などからコミンテルンの仕業ではないかとの報告が何度か繰り返されており、少なくとも関東軍の陰謀とは断定出来なくなっている。

彼の死後、日本に恨みを持った息子の張学良が立ったのであるが、彼は南方の蔣介石の南京政府と合流した。蔣介石は孫文の後を受け、一九二六年から北伐を開始し、各地の軍閥を打ち破り、一九二八年、北伐を完成し、国民政府主席となり、中国の中心に立つことになった。

ここでイギリス、アメリカは財政的に完全に蒋介石政権を掌握して、この蒋介石・張学良の合作を機に、さらに一段と勢力を伸ばし、満州鉄道圧迫策を強化し、一九三〇年には満州鉄道壊滅政策として満州鉄道を完全に包囲する大鉄道計画を立て、それに着手したのであった。これも前述した条約の違反であり、日本は抗議を繰り返すのである。

このため、満州鉄道は大変な危機を迎え、一九三〇年には前年度利益の三分の一の減収となり、翌年二千名の従業員の解雇という非常事態にまで至ったのである。

さらに張学良は、イギリス、アメリカとの提携の他に容共政策をとり、全満州にソ連からの共産主義運動が流れ入り、一層大きな混乱が生じたのであった。

一九三〇年、満州北部で金日成率いる共産分子が発電所を急襲したり、日本領事館を襲ったり、同じ朝鮮人を殺傷するなど満州における治安は極度に悪化していった。

特に百万人の在満の朝鮮人は非常な迫害を受け、張学良は、満州から朝鮮人を追い払おうとする悪逆非道な政策を行ない、また、日本人に家屋田畑を貸与する者は投獄すると命令し、その結果多くの日本人が追い払われ、満州における日本の立場は風前の灯火となったのである。

かくして、一九三一年、中村大尉が中国側官兵により虐殺される事件が起こり、日本人の隠忍も頂点に達し、約一ヵ月後、柳条溝《りゅうじょうこう》での満州鉄道爆破事件となり、日本軍と中国軍は事変を起こすに至ったのである。度重なる中国側の日本人圧迫に対して、日本は遂に決起することになり、張学良の横暴を極めた全満州を関東軍の手によって制圧し、彼等の横暴非道を鎮《しず》め平和を回復したのである。満州事変は起こるべくして起こったとしか言いようのない事変であった。

■満州国建国の理想

こうした満州の窮状の中で在満民衆の満州独立の要望は非常に高まっていき、満州建国へと進んでいくのである。よく言われる日本の侵略による傀儡《かいらい》国家では決してなかったのである。中国政府、あるいは、満州の張学良の手によっては満州三千万人の人々の生活は守れなかったであろう。それどころか在満民衆は圧迫と被害を被《こうむ》り、最早極限状態に達していたのである。そして満州に住む日本人、朝鮮人、満州人、蒙古人、中国人の五族が互いに協和し、五族協和、平和な楽土(王道楽土)を築こうと多くの人々は願ったのである。

満州を中国本土と切り離すことは結局、日本、中国間の紛争を少なくし、また、満州国という安定した独立国を築くことにより、米英の満州侵略を防ぎ、又、ソ連共産主義の南下を防ぎ、中国の混乱を少なくし、ひいては日本と中国が提携して行くためにもアメリカやイギリスの謀略が及ばない確固たる天地を作る必要があったのである。それが三千万満州の民衆の希望と願いであった。

もとよりこの独立の願いを達成するために強力な力を発揮しなければならなかったのは、日本であり、このため、日本は並々ならぬ努力を重ねたのであった。独立運動に大きな力をふるった于《う》沖《ちゅう》漢《かん》は、かねてより「保境安民」(満州を中国から独立させ、民衆の生活と平和を守ること)を唱え、「排日政策は満州を保全する策ではない。満州は日本との親善を結ぶことによってのみその自立が可能なのである。国防の如きは宜《よろ》しく日本に委任し、経済的提携共助して、専《もっぱ》ら国利民福の招来を図るに如《し》かず」という信条で満州建国に邁進したのであった。当初日本政府はこうした満州独立運動と一線を画していたにもかかわらず、その独立の機運が満州各地で巻き起こっていたことは記憶に留めておく必要がある。

当時の荒木貞夫陸軍大臣は次のように述べている。

「国土狭少、資源また極めて乏しい日本、しかも年に百万に上る人口の自然増加を示す日本としては、どうしてもそのはけ口を外に求めなければならぬのは当然であり、わが国の為政者の最も意を注いだのもこの点である。これは決して侵略でも侵略思想でもない、自然の趨勢《すうせい》に対しての唯一の考え方であり、方法である。

当時領土広大にして豊かな資源に恵まれた米、英、蘭そして、南米の諸国はいずれも日本人の平和的移民を不法にもしめだし(例えば一九一三年カリフォルニア排日移民法成立)、その為残された唯一の解決の途は、どうしても歴史的特殊な関係をもつ満州、即ち支那《しな》本土からは長らく辺境の地として顧みられなかった満州へ求め、この荒野を開拓する以外に方法はなかった。

つまり子沢山の貧乏国としては満州こそは生きる為の唯一の天地であった。しかも満州は当時政治的には支那本土からは全く離れて、張作霖の勢力下に一種の自治領的性格を持つ特殊地域であった。日本はここに所有するその諸権益を守り抜く為、ひたすら満州の平安を希求し、その政治の安定を望んだのも当然である。

満州当局からどんなに圧迫されようと、又侮日《ぶにち》行為が幾度繰り返されようとも、じっと我慢して、その都度譲歩を繰り返し、何とかこれと妥協し、最小限わが方の権益の維持に苦心した。従ってかつてわが方には、満州をわが手で経営しようとか、あるいはこれをわが植民地化しようといった領土的野心等は毛頭なく、日・支親善をひたすら願い、彼の理解と保護の下に、専《もっぱ》らその所有する権益の維持を期待していた。

そこへ降って湧いた如き満州事変が突如として起った。正に中央としては寝耳に水の事態であり、〝困った事になった〟というのが本心であった。しかし既に事が起こってしまった以上はその急速なる収拾が急務であり、更には現地人の独立という熾烈《しれつ》なる要望もあって、日本としては満州の恒久平和確立の見地からも何とかせねばならなくなった」

このような経過を経て満州建国となったわけであり、日本は中国への侵略の意図は毛頭なかったのである。ここでもう一度確認しておかなければならぬことは、日本軍は満州に不法に駐留していたわけではなく、日露戦争の勝利によって、正当に得た権益を守るために合法的に駐留していたことである。

日本は終始、日本、中国間の親善を願い、軟弱外交と言われた幣原《しではら》外交に端的に示されるように、あくまで日本の一方的譲歩と妥協を以てしても、ひたすら両国間の平和を念願していたのであり、日本が願うところは、わが国が生きるために満州におけるわが特殊権益の保全を期待したにすぎず、このため終始平和主義外交で一貫していたのである。しかし、中国は日本の真意を理解せず、アメリカ、イギリス、ソ連の煽動と支援をたのみ、無理矢理日本に戦争を強い、その結果、自らもアメリカ、イギリス、ソ連、中共の謀略に敗れ、台湾に敗退したのである。

蒋介石は、日中の戦争が日中双方と東洋民族の不幸であることをよく知っていたにもかかわらず、米英及びソ連の陰謀に引っかかり、中国とまったく戦争をする意志のなかった日本を戦争に引き入れたことは、日本と中国にとってともに不幸なことであった。

満州国三千万人民衆の衆望の中、昭和七年(一九三二年)三月一日、満州国は独立を宣言した。満州はそもそも中国人つまり漢民族のものではなく、この土地に昔から暮らしてきた満州族といわれる少数民族の地であった。その地が清朝の領土となったのは、満州族が明朝を倒して中国大陸を支配したためである。国民政府が出来る前の清朝が満州族によってつくられたからである。清朝にしてみれば満州は父祖の地であるから、そこを自国の領土とするのは当たり前である。だから日本はこの満州に清朝最後の皇帝溥儀《ふぎ》を招き、満州国の皇帝になるように要請したのである。

溥儀が喜んだのはいうまでもない。実はそれ以前から溥儀は父祖の地・満州に戻り、皇帝になることを希望していた。ただ当時の日本政府が慎重な外交を重んじ、溥儀の希望通りに動かなかっただけであった。

現在の中国は、チベットを侵略し、チベットの人達の人権を蹂躙《じゅうりん》している。それが解放されチベット王国が再興される、と聞けば世界は批難するであろうか。日本はこれと同じことをしただけなのである。

これに対し、国際連盟は日本を侵略国と断定し、満州国の不承認を決議したのであった。それはそうである。国際連盟の主要国は米英仏等であり、彼等は裏で中国を支援し、満州侵略の画策をめぐらし、日本を徹底的に圧迫してきた国々であった。満州国不承認は当然の結果であったと言える。

これに対し、わが国は断固として国際連盟の不正を糾《ただ》し、米英本位の国際連盟を脱退した。そうして満州国の育成建設に敢然として邁進し、満州国民衆も理想に燃え、建国当初の創業にいそしんだのであった。

満州国建国に当たっては、日本と満州民族の共通の敵であった旧来の専制軍閥政権者（例えば張学良）を打倒し、各民族の共存共栄、融合、融和を願い、「王道楽土」の建設を理想とし、民衆の福祉の増進、生存の保障を図った。五つの民族が混在する満州にあって、「民族協和する理想国家の建設」という考えは満州国の歩みを貫いた太い線であり、この目的の下に営々と努力が重ねられていったのである。こうして満州は将来人口一億を超える国となり発展するだろうといわれ、国土開発は着実に進められていった。

■コミンテルンの謀略と支那事変

満州国はその後発展を続け、外国は当初の批判にかかわらず、この厳粛な事実の前に相次いで正式承認していった。また、蒋介石もこの情勢を見て歩み寄りを見せ、日中親善の兆しが生まれたのだが、ここに登場したのが国際コミンテルンの謀略であった。

コミンテルンは、一九一九年、ロシア革命成功後、モスクワで結成された組織で、共産主義に立脚し、世界の共産革命を図ろうとするソ連の世界革命の元締めであった。そのコミンテルン第七回世界大会が一九三五年モスクワで開かれ、「日、独の興隆を抑止する為、この際些細な理論に把われることなく、反日・独的国家ないし党の大同団結を期して（人民戦線の結成）目的を達成すべし」とのいわゆる「人民戦線」結成の必要を宣言し、早速着手に移ったのである。

この結果、蔣介石は、中国共産党のワナにかかり、中国共産党と国民政府の共同戦線としての「国共合作」となった。また、当時の国民政府は英米に財政を完全に握られており、国民政府は米英ソの操られるままになっていた。そして、ソ連は反日、抗日運動をあおり立て、国民政府と日本で戦争を行なわせ、さらに日本とアメリカを戦争させ、ソ連並びに中共が漁夫の利を得ようと大謀略を巡らし、事実、その通りとなったのである。

当時のソ連の首相スターリンは、「ソ連の極東政策は、まず支那《しな》の赤化にある。これは是が非でも成し遂げなければならぬ問題である。しかしその為には日本の存在が邪魔になる」と言っていた。

こうして、蔣介石に中国共産党への攻撃をやめさせ、そして蔣介石と日本を戦わせ、双方ともつぶし、中国の赤化をはかることに成功したのである。このことは毛沢東の言葉がよく物語っている。

昭和三十九年、日本社会党が中共を訪問し、佐々木更三委員長が日中戦争を謝罪したのに対し、毛沢東は何といったか。「何も申し訳なく思うことはありませんよ。日本軍国主義は中国に大きな利益をもたらしました。中国国民に権力を奪取させてくれたではないですか。皆さん、皇軍の力なしには我々が権力を奪うことは不可能だったでしょう」（『毛沢東思想万歳』（下））

実際は、日本は中国に対し不断に和平を呼びかけ、これに対し蒋介石も幾度かこれに応じ、解決の目途がついたかにみえたこともあった。しかし、いずれも失敗に帰し、不幸なる支那事変を招いたのは、米英はじめコミンテルン及び中国共産党の謀略であったことは、各国の資料公開によって次第に明らかになってきている。今後、ますます中国側にとってまずい事実が出てくるであろう。

事実、近年、支那事変の発端となった盧溝橋事件は、現地の第二九軍副参謀長・張克侠が中国共産党の秘密党員であり、彼が日本軍撃滅計画を立て、中国共産党北方局主任・劉少奇《りゅうしょうき》（後に国家主席）が承認して引き起こされた事実が明らかになっている。また、中共軍の『戦士政治読本』の中に、盧溝橋事件は「劉少奇の指揮を受けた一隊が決死的に中国共産党中央の指令に基づいて実行した」という記載があるそうである。

また、日本国内においても、コミンテルン・ソ連のスパイであったゾルゲが尾崎秀実《ほつみ》、西園寺《さいおんじ》公一《きんかず》らを通じて政府にも出入りし、満州事変から日米交渉の末期にいたるまで、日本の国策をソ連側に都合のよいように仕向け、日本脱出寸前に逮捕されたのであった。

このコミンテルンの謀略と、中国側による排日、排満に切歯扼腕《せっしやくわん》しているうちに、ついに、コミンテルン、中共の謀略によって日中両軍双方に銃弾が撃ち込まれ、わが国は堪忍袋の緒が切れて応戦となり、日中両軍の全面衝突となったのである。

この間、米英は蔣介石を援助し、ソ連は国民政府に戦争をけしかけ、自らの帝国主義的野望により日本を東亜の天地から追放しようとしたのであった。満州事変も支那事変も日本から挑発した侵略戦争ではなかったのである。

生き残りを賭けて必死の努力をしている日本と中国国民党政府は、共に提携しなければならないと思っていた。それが、米英の国際法を無視した国民党への公然たる援助と日本封じ込めの陰謀、そしてソ連の南下政策と中国大陸全土の共産化、加えて中国共産党の謀略等によって日本と中国の戦争は拡大していったのである。
これが宣戦布告なき戦争と言われる支那事変の全貌である。

■南京大虐殺の虚構

昭和十二年に日本軍は南京を占領し、二十万、三十万人もの市民を虐殺したというのが、いわゆる南京大虐殺といわれるものである。

昭和十二年冬、この大都市には日本人と中国人だけがいたのではない。欧米の居留民やマスコミも大勢いた。しかも、日本軍が南京入り以前から、既に欧米人を中心にした居留民の安全を守るための国際委員会なるものが結成されていた。つまり南京占領は衆人環視の中で行なわれたのである。南京の面積は東京の世田谷区にほぼ相当し、国際委員会のメンバーには行動の自由があった。そうした状況の中で、二十万、三十万の虐殺が出来るであろうか。

南京占領の際の軍司令官は松井石根《いわね》大将であった。彼は南京攻略にあたって、「南京は中国の首都であるから、その攻略は世界的事件である。故に慎重に研究して日本の名誉を一層発揮せよ」との指示を出すとともに、「皇軍が外国の首都に入城するは有史以来の盛時にして世界の注目しある大事件なれば、正々堂々、将来の模範たるべき心組を以て、乱入、相撃、不法行為等絶対になからしむべし」との厳しい訓令が将兵に出されていたのである。

実際、この当時、欧米の一流新聞や雑誌で南京に何万という虐殺が行なわれたと伝えた例は皆無である。当時の国民党政権は、日本軍による南京占領後、外国人記者に対して三百回も記者会見を行なっているが、虐殺の話は一度も出ていない。

また、この当時の南京市民の数は多く見積もっても二十万人であった。いわゆる東京裁判で提出された数が正しいとすれば、日本軍は南京市民をほとんど全てを殺戮《さつりく》したことになる。しかし、南京の国際委員会の調査では占領後の人口が減るどころか約二十五万人にまで増えている。

このように「南京大虐殺」に関して信用に足る証拠というものが現在に至るまでほとんどない。例えば、東京裁判で、当時南京国際委員会のメンバーであったマギー牧師が生々しい証言を行ない、注目を浴びた。検察側は、彼の証言こそ明確な証拠であると確信したが、弁護団から牧師自身が実際に見た殺人は何件かと尋ねられた際に、一人と答えて失笑を買ったと言われている。しかも、それは警備の日本兵が不審尋問から逃げだそうとした中国の青年を射殺したというものであり、虐殺とは呼べないものであった。

マギー牧師のように、南京を自由に歩き回れた人ですら、「日本軍の暴虐」をたった一件しか目撃出来なかったのであるから、あとは推して知るべしである。

かつて日本の大新聞は、「これぞ南京大虐殺の証拠」として様々な写真を掲載したことがある。しかし、それらは後に全部トリック写真であったり、南京とは無関係なものであったことが判明し、今ではまともな新聞社は使えないのである。

東京裁判では二十万人の南京市民が殺されたとされたのであるが、東京大空襲で亡くなった人は八万人。広島の原爆で亡くなった人はおよそ二十五万人であった。焼夷弾や原爆という大量殺戮兵器をもってしても、数万人もの民間人を殺すことは容易なことではないのである。言うまでもないが、南京の日本軍が持っていたのは通常兵器である。しかも日本陸軍は創立以来潤沢な弾薬を持ったことのない軍隊であった。丸腰の市民を大量虐殺するための弾の余裕などあるわけがないのである。

中国には、南京大虐殺を宣伝するための虐殺記念館が二〇〇ヵ所もある。そこには、実際にはなかった日本軍のまったくのウソの悪行を展示しているのである。その一つの象徴として、不幸にも「百人斬り」の向井敏明少尉と野田毅《つよし》少尉が展示されている。元になったのは当時の日々新聞であるが、この新聞が、面白おかしい武勇談としてウソの記事を載せてしまったのである。そもそも日本刀で百人は切れないのである。

また、野田少尉は第三大隊の副官であり、副官の主な居所は大隊長のいる大隊本部であるから、部隊の後方に位置するのが普通である。一方、向井少尉は歩兵砲の小隊長である。歩兵砲は、最前線にある味方の歩兵部隊（機関銃隊を含む）の後ろに位置するのである。

このような任務を持った二人の少尉が、白刃を振りかざして敵陣に乗り込むことなどありえないのである。しかし、この記事によって、終戦後、彼等は戦犯として南京軍事法廷で無惨にも処刑され、中国の露として消え去った。ウソの記事で処刑されるなど、お二人はどんなに悔しく無念であったろうかと推察申し上げる。しかも、彼らの願いは日中親善であった。この悲しきまでの高貴なる精神をお二人の遺書を通して我らの心に留め置くとともに、彼らの名誉を一刻も早く回復させたいと念願する。

向井敏明　辞世

我は天地神明に誓い捕虜住民を殺害せる事全然なし。南京虐殺事件等の罪は絶対に受けません。死は天命と思い日本男児として立派に中国の土となります。然《しか》れ共魂は大八州島に帰ります。我が死を以って中国抗戦八年の苦杯の遺恨流れ去り、日華親善、東洋平和の因となれば捨石となり幸いです。中国のご奮闘を祈る。日本の敢闘を祈る。

中国万歳

日本万歳

天皇陛下万歳

死して護国の鬼となります。

野田毅　死刑に臨みて

俘虜《ふりょ》、非戦闘員の虐殺、南京虐殺事件の罪名は絶対にお受け出来ません。お断り致します。死を賜りました事については天なりと観じ命なりと諦め、日本男児の最後の如何なるものであるかをお見せ致します。今後は我々を最後として我々の生命を以って残余の戦犯嫌疑者の公正なる裁判に代えられん事をお願い致します。宣伝や政策的意味を以って死刑を判決したり、面目を以って感情的に判決したり、或いは抗戦八年の恨み晴らさんが為、一方的裁判をしたりなされない様祈願致します。我々は死刑を執行されて雨花台に散りましても貴国を怨むものではありません。我々の死が中国と日本の楔《くさび》となり、両国の提携となり、東洋平和の人柱となり、ひいては世界平和が到来することを喜ぶものであります。何卒《なにとぞ》、我々の死を犬死、徒死《とし》たらしめない様、これだけを祈願致します。

中国万歳、
日本万歳、
天皇陛下万歳。

■大東亜戦争と太平洋戦争

昭和十六年十二月八日、米英に対する宣戦の詔勅《しょうちょく》によって始まり、昭和二十年八月十五日のポツダム宣言受諾による終戦の詔勅によって終わるこの戦争は、公式な名称を「大東亜戦争」といい、これは当時の日本政府において決定し、戦争後、連合国占領軍の言論封殺による「大東亜戦争」という名称の使用が禁止されるまで、歴史的名称として使われてきた。

〝太平洋戦争〟という名称は米国側が名付けた戦争の名称であり、アメリカは大東亜戦争という「東亜の解放」「大東亜共栄圏の確立」という日本の戦争目的の印象を払拭するために、〝太平洋戦争〟という呼び名で巧妙にすり替え、その使用を日本に強要したのであった。

現在、小、中、高のほとんどの教科書は〝太平洋戦争〟という名称を何の疑問もなく使用している。このような名称の誤りは実態の誤りとなっていくのである。〝太平洋戦争〟という誤った名称の用い方自体、すでに大東亜戦争の正しい真の姿が隠蔽されていると考えざるを得ない。

しかしアメリカから見れば、アメリカが日本と戦った目的は、米国による「ホワイトパシフィック」の確立であり、そのために日本を太平洋から撃退し太平洋を制覇することであったから、その意味ではまさに〝太平洋戦争〟であったと言える。

しかし、日本は〝太平洋の制覇〟を賭けてアメリカと戦おうという意図は毛頭なかった。ただ、東アジア、とりわけ中国、満州問題の解決のため、それを妨害するアメリカ、イギリス、ソ連の排除と永年欧米列強の強圧に苦しむ東亜の解放と独立及び平和の確立のために連合国と戦い、東アジアから南アジアに至る戦域において、米英仏蘭を駆逐しようとしたのである。だから〝太平洋戦争〟の名称は適切ではないのである。

また、小、中、高の教科書には大東亜戦争について、中国から見たところの〝抗日戦争〟〝中日戦争〟といった名称、あるいはソ連や共産主義の唯物史観による〝帝国主義戦争〟という名称が用いられているが、これらは皆、外国ないし外国人からみた呼び名であって、日本人みずからのものではない。このような外国人の立場で先の戦争をみるのではなく、そしてこれまでの偏向的歴史観を排して、日本人の立場からしっかりと歴史事実を検証して大東亜戦争を正しく観る必要があると思う。

■最後通告「ハル・ノート」

大東亜戦争は、有名な真珠湾攻撃を以って始まるが、そのきっかけとなったのは米国国務長官ハルが突然日本に宛てた最後通告「ハル・ノート」であった。

今日では、様々な外交文書、諜報資料、とくにヴェノナファイル（コミンテルンとアメリカにいたエージェントとの交信記録をまとめたもの）というアメリカの秘密文書が公開されることにより、日米を戦わせようとしたコミンテルンの指令を受けたソ連のスパイ、財務省No.2のハリー・ホワイトが作成したと言われている。

日本は中国問題の解決のため、それまでアメリカと様々な交渉を重ね、平和解決の望みをあくまで放棄することなく努力してきた。しかし、昭和十六年十一月二十六日、アメリカは突然、この「ハル・ノート」を突きつけたのであった。その内容は、

①日本は支那（満州も含む）及び仏印（インドシナ）から全陸海軍を撤退せよ。

②日本は重慶以外の支那のいかなる政府も支持せず。

③対支貿易の門戸開放

④今後ハル長官の示す国際道義に従う事

というもので、これは、これまでの日米交渉を無視し、まったく日本の立場を頭から否定したものであった。当時の東郷茂徳《しげのり》外相は、「自分は目もくらむばかりの失望に撃たれた」と語っている。もし、日本が譲歩したとしても中国本土及び仏印からの撤退が限度であり、日露戦争以来日本が営々と開発し、築き上げてきた満州から撤退することは、日本の破滅を意味するのであった。これは政府だけでなく、時の日本国民も承服出来ることではなかったのである。それは、今アメリカで駐在している日本人に何の理由もなく、突然国外退去せよ、と言われて唯々《いい》諾々《だくだく》と従う人がいないのと同じである。

このことをイギリスの海軍大佐グレンフェルは、「このハルノートを日本が呑む事は日本の面子を内外に失う事を意味し、日本を一等国としての独立の地位から追いやり政治的にも経済的にも米国に従属する恥辱に甘んじなければならなかった」といっている。

また、戦後の極東国際軍事裁判でただ一人日本の無罪を主張したインドのパール判事は、「この様な最後通告を出されたら、モナコやルクセンブルクの様な小国でも銃をとって立ち上がったであろう」と主張しているのである。

アメリカはこのハル・ノートに先立つ以前より、中国問題に介入し、日本に対し様々な圧迫を加えてきていた。当時のルーズベルト大統領は、ハリー・ホワイトらを通じてコミンテルンの工作を受け、戦闘機一〇〇機からなるフライングタイガースを派遣するなど、日本と戦う蒋介石を強力に応援していた。

日本と中国は、双方共、真に連帯して、米英ソ等の欧米列強のアジア侵略から、アジアを守り抜かねばならないという東洋民族の悲願を抱きながらも、中国が依然として半植民地状態にあえぎ、国内は混乱し、政府あってなきが如きの分裂状態にあった。そのことが禍《わざわい》し、英米ソ等の植民地勢力の陰謀と干渉により、蒋介石政権と日本はこと志に反して戦争状態に入ってしまったのである。

■ABCD包囲陣・経済封鎖

アメリカ・イギリスは、公然と蒋介石を全面的に援助し、日本に対しことごとく敵対してきた。そしてわが国に対し経済制裁を加えようと、まず昭和十四年七月、「日米通商航海条約」の廃棄を突然通告し、日本との一切の経済関係の断絶というおよそ考えられない強硬手段に出たのである。こうして日米関係が悪化してきた十四年九月、アメリカの駐日大使ジョセフ・グルーは、ルーズベルト大統領に「米国の経済制裁が戦争を意味することを強調し、米国が対日石油禁輸を断行すれば、日本はやむなく蘭印（オランダ領東印度）のボルネオの石油を獲得せんとするのは必至であり、これは日米戦争の発端を意味する」と述べたのに対し、ルーズベルト大統領は、グルーに「われらは容易に日本艦隊を阻止しうるであろう」と答えているのである。

アメリカとの衝突を避け、〝協調外交〟の名のもとにいつも妥協し、努力してきた日本に対し、アメリカはまったく高姿勢で、日本に対し挑発し、戦争をしかけてきたことがこのルーズベルトの言葉からもわかる。

さらにアメリカは追い討ちをかけ、昭和十五年から十六年にかけて石油、鉄鋼、鉄製品等、対日全面禁輸を断行し、在米日本資産の凍結を発表し、日本を敵とする戦争寸前の措置を強行したのである。

イギリスもアメリカと同調し、この米英対日経済制裁を実行した。これによって日本は生きるか死ぬかの関頭に立たされ、特に石油については、すべてアメリカに頼っていたために、どうしてもこれをオランダ領東印度(現在のインドネシア)から供給しなければならなくなった。わが国はオランダとの経済交渉に必死となって努力したが、オランダには既にルーズベルトの手がのびており、日本への石油の供給は不可能とされてしまったのである。

こうして、日本は、アメリカ、イギリス、シナ、オランダのいわゆるＡＢＣＤ対日包囲陣の完全な経済封鎖によってまったく死命を制せられ、四面楚歌の状態に立ち至ったのである。

この結果、日本としては坐して自滅を待つか、起ちて不当なるＡＢＣＤ対日包囲陣を寸断し死中に活路を求めるか、の最後の段階に立たされたのである。

■時間稼ぎの日米交渉

日本は、非道無慈悲な圧迫を加える米国に対し、隠忍自重し十二月までずっと日米の和平を願い、日米の交渉を続けてきたのであるが、米国は和平の意思はおろか、ただいつ米国の都合のよい時期に日本に戦争を仕掛けさせるかを考えていた。

昭和十六年八月二日、ハル長官は次のように言っている。「日本を阻止するものは力以外のなにものも有り得ない。主要な問題は、欧州の軍事的発展が落着するまで、どれだけの期間を米国が日米関係について上手に処理して行くかという点にある。日本側のいう一語も米国人が絶対に信じないよう私は切望する。しかし、私自身は日本側の今後の行動を引延ばすという米国の目的を幾分でも助ける為に、ただ彼らの言葉を信じている様にみせかけている」（大鷹正次郎著『第二次世界大戦責任論』）

日米交渉がなぜ失敗したかといえば、元々アメリカは最初から真剣に交渉を妥結させる意思がなかったからである。アメリカはことごとく日本の暗号電報を盗読し、日本の手の内をよみとっており、日本に対する戦争準備を行なっていたのであった。

また、交渉を延ばし難航させ、最初反戦気分の漂っていた米国民に対し、アメリカの企図する参戦を不可避と思わしめるべく策略を用いたのであった。

日本は、このようなアメリカの宣戦布告的な圧力を受けながらも我慢を重ね何とか交渉を成立させようとして、野村吉三郎大使が中心となり、昭和十六年四月より実に八ヵ月にわたり、戦争回避のため日米交渉を続けてきたが、アメリカは誠意を見せず、その間、着々と戦争準備を行なっていたのであった。

時の近衛内閣も極力戦争回避に努力を払い、ルーズベルト大統領との会見を望んだがこれも拒否された。

また、昭和天皇様は御前会議において、明治天皇様の御製《ぎょせい》、

四方《よも》の海みなはらからと思ふ世になど波風のたちさわぐらむ

をお詠みになられ、閣僚全員に対し、平和への努力を重ねるよう要望されたのである。

日本政府はそれに答えるべく、八方手を尽くして米国に当たったが、はじめから交渉を成立させる気のないアメリカは聞く耳を持たなかった。こうしたアメリカの拒絶に遭い、近衛内閣は責任をとって退陣し、日米会談は事実上破局を迎えたのである。

後をついだ東条内閣もなお交渉を続け、さらに譲歩を重ねたが米国はやはり聞き入れなかった。そしてあの「ハル・ノート」の最後通告となったのである。

現在、日本には「ハル・ノート」は最後通告ではなく、まだ交渉の余地があったと主張する人がいるが、当時の状況をまったく無視した意見である。アメリカが戦争を望んでい

たのであるから、やはり戦争は不可避であった。

■真珠湾攻撃は不意打ちであったか

このアメリカの対日戦争の決定については、ハル・ノートに先立つこと一日、十一月二十五日、ホワイトハウスで、戦争諮問委員会が開かれた。ルーズベルト大統領をはじめ、ハル国務長官、スチムソン陸軍長官、ノックス海軍長官、マーシャル陸軍参謀総長、スターク海軍作戦部長の六名が集まり、対日開戦が決定されたのであった。スチムソン陸軍長官は、彼の日記の中でこの時のことを、「大統領は『日本は無警告の攻撃で悪名高い国だから、次の月曜日頃我々は攻撃を受けそうだ。そこで問題は、現在我々は何を為すべきかである。我々にとりこの際、最も肝心の事は、過大な危険を与えられずにしかも日本が第一発を発砲せねばならぬような立場に日本を誘導するためにはいかにすべきか』と提案した」と書いている。

アメリカは、日本に宣戦するいかなる理由もなかった。また、アメリカ国民にも日本へ戦争をしかけることを納得させる口実がなかった。そのため日本に戦争を仕掛けさせ、アメリカ国民の支持を得ようとしたのであった。

このことを戦争後の一九四六年議会合同査問委員会で、スチムソン陸軍長官は、日本へ戦争を仕掛けることの支持を国民から得るために、「〝日本という国はこういう襲撃（真珠湾攻撃）をあえて行なう国である〟として、侵略者は何人《なんぴと》であるかという事について、誰の頭にも疑問の残らぬようにする事が望ましかった」と証言しているのである。

こうして、戦争諮問委員会の翌日、アメリカはハル・ノートを日本に突きつけ、日本に〝最初の一撃〟を行なわせようとしたのである。宣戦布告は実にこのハル・ノートによって行なわれ、アメリカが日本との戦争を挑発し、始めたとも言える。先のグルー駐日大使は戦後これを認めて、〝開戦のボタンを押したのはハルである〟と述べている。

このハル・ノートにより、わが国は日米交渉の成立不可能を知り、遂に交渉を打ちきる覚悟を決めたのである。

そして十二月六日、最後の外交文書を在米大使館に送ったのであった。アメリカはこの電報を解読し、ルーズベルトは「これは戦争を意味する」と語り、日本の攻撃を予測した。さらにアメリカは、日本の宣戦布告が十二月八日に行なわれることも在米大使館宛の電報の盗読によって知り、その場合ハワイがその対象となっていることもわかっていた。しかし、ルーズベルトは日本に第一撃を行なわせるため、ハワイの太平洋艦隊に事前に知らせなかった。

マーシャル参謀総長も十二月七日午後一時（アメリカ時間）に日本の最後通牒、宣戦布告が出ることを既に電報盗読により知っていた。しかし、「日本の最後通牒は午後一時に出される、全軍は厳重な警戒態勢につけ」との電報を一般商業電報によって知らせたのみであった。しかも、午後一時二〇分を期して行なわれた真珠湾攻撃の六時間も後であった。

このルーズベルトの謀略は戦後アメリカで問題となり、今では決して真珠湾攻撃は日本のだまし討ちではなく、欺《だま》されたのは日本であり、アメリカ国民を戦争に引きこもうとしたのはルーズベルトの仕組んだワナであったことが次々と明らかになっているのである。

また、英国海軍大佐グレンフェルは、「今日世界中の知識者と称される人々の間で、日本が米国に対し、質の悪い不意打ちをくらわしたと真正直に信ずるものはだれもいない」（『主力艦隊シンガポールへ』）と述べている。

しかし、今なお、多くの日本人は日本が不意打ちをくらわしたと思っているのである。

■ルーズベルトの謀略

この真珠湾攻撃直後、ルーズベルトは〝真珠湾を忘れるな〟(Remember Pearl Harbor)の標語を作り、日本の欺し打ちという印象をアメリカ国民のみならず世界に与え、それまで対日宣戦に反対であったアメリカ国民を無理矢理戦争に引きずり込むことに成功した。内心、ウェルカム・パールハーバーとほくそ笑んだに違いない。

先のヴェノナファイルによれば、一九三三年に誕生したルーズベルト政権には三百人ものコミンテルンのスパイがいたという。しかしルーズベルトは共産主義の恐ろしさを認識していなかった。

ルーズベルト、ハル等の戦争計画は既に昭和十年代のはじめ、一九三五年頃から着々と行なわれていたのであった。当時、アメリカは第一次世界大戦の惨禍《さんか》に懲《こ》りて、再び欧州への介入を避けるために、議会は「中立法」(一九二〇年)を制定しており、一般国民もまた、戦争には極度に反対していた。しかし、ルーズベルトは、このアメリカの中立主義ないし孤立主義の打破を目指して、ねばり強くその機会を窺《うかが》っていたのである。そして、ヨーロッパで英仏とドイツとの欧州大戦が起こると、ルーズベルトはこれに介入しようとしたが、米国民は参戦を許さなかった。彼は様々な手を使い、米国民を戦争へと煽動し、またドイツから先に手を出させようとドイツの軍艦を攻撃したりしたが、ヒットラーはその誘いに乗らなかった。そのため、次に日本に的を変更したのである。当時、日本は、アメリカの中国問題への干渉を防ぐために日独伊三国同盟を締結していたが、これを逆手にとって、日本に参戦することで、ドイツの攻撃によって敗れそうになっているイギリスを助けようとしたのである。

このことを当時アメリカ陸軍参謀本部で戦争計画を立案していたウエデマイヤー大将は「英国の苦境を救うため、戦時中立にそむき、日独伊三国同盟を逆用し、無理難題をふっかけて日本を追いつめ、真珠湾のアメリカ艦隊をオトリにして米国を欧州戦争に裏口から介入させようとする目的を達した」(『ウエデマイヤー回想記』)と言っているのである。

一体、ルーズベルトやイギリスのチャーチルが考えていたことは何だったのか。ルーズベルトとチャーチルは一九四一年八月、「大西洋憲章」を公表した。その主な点は、

①米英は領土的又はその他の膨張を求めない。

②各国民はその統治形態を選ぶ権利を持つ。
③通商及び原料を均等に利用する原則を立てる。

等々で民族自決、民族解放のようなきれいな文句が並べ立てられている。しかし、実は秘密会談が行なわれていた。アメリカは一般には三十年経過して外交文書が公開されることになっているが、この秘密会談についてはいまだに公開されていない。ただ、イギリスの王立公文書館の資料によると、ルーズベルトはこの秘密会談において「いかにしたら日本が先に米国に攻撃を仕掛けるかを検討中である」旨の発言をしたというのである。日本では当時、近衛首相が必死になってルーズベルトとの首脳会談を求めていたのであった。

因《ちな》みに、この日本を戦争に追い込んだルーズベルト大統領は昭和二十年四月、日本の敗戦色濃くなってきた時に急逝した。この時、ヒットラーは「神が、歴史上最大の戦争犯罪人ルーズベルトをこの地上より遠ざけたのだ!」という声明を出したのである。

ところが日本の鈴木貫太郎首相は、「今日、アメリカが優勢であるのは、ルーズベルト大統領の指導力の賜物でありましょう。であるから私は、大統領の死がアメリカ国民にとって非常な損失である事を理解します。ここに私の深甚なる弔意を米国民に表明する次第です。」と同盟通信社を通じて弔電を送ったのである。ニューヨーク・タイムズは、この話を「日本の首相、『弔意』を表す」と伝えると、「礼儀正しい態度を取る日本の首相の品格」に全米は感動したのである。

当時アメリカに亡命していたドイツの文豪トーマス・マンはこの鈴木首相の「深甚なる弔意を表す」という言葉に大きな衝撃を受け、ドイツ国民向けのラジオ放送でこのように語るのである。

「……日本はいまアメリカと生死を賭けた戦争をしています。だがナチスの国家社会主義が、我が惨めなるドイツ国においてもたらしたのと同じような道徳的破壊と道徳的麻痺が、軍国主義の日本で生じたわけではありません。あの東洋の国日本には、今なお『騎士道精神』と、人間の品位に対する感覚が存在しています。死に対する畏敬の念と、偉大なるものに対する畏敬の念とが存在しています。ああ。それに比べて我がドイツは……」

日本は、アメリカとの激しい戦争、いやもう敗戦の色濃くなった中で、武士道精神を発揮していたのである。

■東亜の解放と民族自決

昭和十六年十二月八日、真珠湾攻撃をもって始まった大東亜戦争を、当時の日本国民はどのようにうけとったのであろうか。ここで私が言いたいのは、戦争を讃えることではなく、真実の歴史として国民はどう受け取ったのかを知ってもらいたいと思うのである。

多くの国民が対英米宣戦の詔勅《しょうちょく》、及び真珠湾攻撃の成功を聞いた時、「遂にやった」「おごれる米英を打ち破った」という気の遠くなるような痛快感を覚え、日本人の移民絶対禁止などに象徴される英米の横暴に屈辱と屈服をもって対してきた過去を振り返り、溜飲を下げたことは事実である。

国民詩人と評された高村光太郎は宣戦の詔勅を聞いて、次のように言っている。

「聞き行くうちに自ら身うちが引きしまり、いつのまにか眼鏡がくもってきた。……世界は一新された。時代はたった今大きく区切られた。昨日は遠い昔のようである。……ハワイ真珠湾襲撃の戦果が報ぜられていた。戦艦二隻轟沈《ごうちん》というような思いもかけぬ勝報が、少し息をはずませたアナウンサーの声によって響きわたると、思わず並いる人達から拍手が起る。私は不覚にも落涙した」
さらに高村光太郎の詩にも歌われている。
「必死にあり
その時人清くして、つよく、
その時こころ洋々としゆたかなのは
われら民族のならいである
人は死をいそがねど
死は前方より迫る
死を滅する道はただ必死あるのみ」
と謳っているのである。
また詩人の三好達治は、
「ああその恫喝　ああその示威
ああその経済封鎖
ああそのＡＢＣＤ線

笑うべし、脂肪過多デモクラシー大統領が
あめよりもなお甘かりけん
昨夜の魂胆のことごとくは
アメリカ太平洋艦隊は全滅せり！」

と詩に託している。

有色民族たる日本のみが、数百年の植民地支配に苦悩し呻吟するアジア、アフリカの被圧迫民族の悲しみをわが悲しみとして立ち上がった事実は心に銘記しておかねばならないと思うのである。

幕末の尊皇攘夷運動から明治維新を経て大東亜戦争に至る日本の歴史は、欧米列強に対するアジアと日本の独立と自由をかけた戦いの歴史であったといえる。そして大東亜戦争に至るまで常に隠忍と自重と屈服と挫折の歴史でもあった。しかし、日本は必死に戦い抜いた。中断は許されなかった。中断は日本も植民地化されることを意味していたからである。

昭和十六年から十七年、十八年と、日本軍は東アジアからアメリカ、イギリス、フランス、オランダを駆逐し、フィリピン（米国の植民地）、ビルマ（英国の植民地）、マレイ（英国の植民地）、インドシナ（フランスの植民地）、インドネシア（オランダの植民地）を解放し、それぞれの民族の自決と独立を押し進めていった。

昭和十八年には、ビルマ、フィリピンが独立、インドネシアのジャワで原住民の政治参与を認め、独立を約束、また、タイの失地をイギリスから取り戻し、インドの独立運動を強力に援助し、自由インド政府を承認する等、日本は欧米の植民地支配の鉄鎖を断ち切り、新しいアジアの建設に邁進したといえるのである。

大東亜共栄圏構想を悪く言う人もいるが、それは決して日本の利己的目的のものではなく、アジアの解放と独立、そして欧米の侵略勢力に犯されない新天地をつくるためであった。

このことをイギリスの歴史家アーノルド・トインビーは、「第二次世界大戦において、日本人は日本の為というよりも、むしろ戦争によって利益を得た国々の為に、偉大な歴史を残したと言わねばならない。その国々とは、日本の掲げた短命な理想である大東亜共栄圏に含まれていた国々である。日本人が歴史上に残した業績の意義は、西洋人以外の人類の面前において、アジアとアフリカを支配してきた西洋人が、過去二百年の間考えられていた様な、不敗の半身でないことを明らかに示した点である。イギリス人も、フランス人もアメリカ人も、ともかく我々はみな将棋倒しにバタバタやられてしまった。そして最後にアメリカ人だけが軍事上の栄誉を保ち得たのである。他の二国は不面目な敗北を記録したことは、疑うべくもない」と言っている。

また、同じアジアのタイ国のククリット・プラモードという新聞記者は、現地の新聞に「十二月八日」と題して大東亜戦争の意義を次のように伝えている。

「日本のおかげで、アジアの諸国はすべて独立した。日本というお母さんは、難産して母体をそこなったが、生まれた子供はすくすく育っている。今日東南アジアの諸国民が、米英と対等に話が出来るのは、一体誰のおかげであるか。それは身を殺して仁をなした日本というお母さんがあった為である。十二月八日は、我々にこの重大な思想を示してくれたお母さんが、一身を賭して重大決心をされた日である。我々はこの日を忘れてはならない」

これが大東亜戦争の本質ではなかろうか。〝身を殺して仁をなした〟日本は敗れ、わが国はまさしく身を滅ぼした。しかしながら、アジア諸民族は独立し、それがアフリカに波及し、第二次世界大戦後、民族自決と独立運動は燎原の火のごとく燃え上がり、次々に欧米列強から独立していったのである。この事実は何人たりとも否定することは出来ないであろう。

一九五五年、インドネシアのスカルノ大統領の時、アジア・アフリカ会議がインドネシアのバンドンで開催された。いわゆるバンドン会議であるが、当時の日本の政治家は、大東亜戦争の批判をどう受けるか、恐る恐るその会議に出席したのであった。すると当時のバンドン会議を構成していた東南アジアの首脳は何と言ったか。「我々が独立出来たのは日本が有色人種の最後の砦として頑張ってくれたからである」と感謝されたのである。

最後にイギリスの歴史家、G・H・ウエルズはこの大東亜戦争を評して、「この大戦は植民地主義に終止符を打ち、白人と有色人種との平等をもたらし、世界連邦の礎石をおいた」と語り、大東亜戦争の世界的意義を認めている。実に明治維新以降、大東亜戦争に至る百年の日本の歴史こそ、世界を一変させた、有史はじまって以来の画期的近代世界史であったことを、われわれ日本人はそろそろ誇りとして肝に銘じてもよいのではないだろうか。

いたずらに卑屈と自虐を重ねるよりも、歴史を冷静に見つめ、私たちの先祖の物語を取り戻し、誇りある祖国の歴史に立った地点から日本を再興していかねばならない時期がきていると私は考えている。

第五章　過酷な占領政策に沈んだ日本

■占領軍による巧妙な検閲と言論統制

昭和二十年八月十五日、日本は国体護持という有条件の下にポツダム宣言を受諾して降伏し、連合軍の占領を受けることになった。

同年九月六日、マッカーサー連合国軍最高司令官に指令された「降伏後に於ける初期対日方針」によって占領の究極の目的が定められた。即ち「日本が再び米国の脅威となり又は世界平和及び安全の脅威とならざることを確実にすること」とし、軍事的武装解除のみならず、精神的武装解除も含めた徹底した非軍事化政策が占領軍の最大の任務であるとされたのである。

これに基づき、連合国軍最高司令部、いわゆるＧＨＱは、ポツダム宣言の有条件条項を逸脱して、まるで日本が無条件降伏したかのように日本の弱体化を目指し、歴史・修身授業の停止、神道解体をはじめとする過酷な日本の歴史・文化・伝統の破壊政策を次々に実施していったのである。

彼らには、日本が明治維新を断行して近代国家を目指し、その後大正デモクラシーが花開いて昭和を迎えた、などという日本の近代化の歴史などは意識外にあり、日本は中世の封建主義の国であるとの認識であった。「日本人は十二歳の少年である」と述べたマッカーサーの侮蔑的言辞はその端的な例である。そのような遅れた日本の封建主義を破壊しなければ、アメリカ的民主主義は根付かないと考えたのである。

そこでマッカーサーが先ず行なったことは何か。日本人の精神そのものを変革するための徹底した言論統制であった。しかもそれは、表面では「言論の自由」を謳《うた》いながら、その陰で実に巧妙に行なわれたのである。

かつてチェコスロバキアのノーベル文学賞を受賞したミラン・クンデラという作家が小説の中でこう書いた。

「一国の人々を抹殺するための最初の段階はその記憶を失わしめることである。その国民の図書、その文化、その歴史を消し去った上で、誰かに新しい本を書かせ、新しい文化をつくらせて、新しい歴史を発明させることだ。そうすればまもなくその国民は国の現状についても、その過去についても忘れ始めることとなるだろう」

これは、ソ連がチェコを蹂躙《じゅうりん》した際のことが前提になっているのだが、この言葉に耳を傾ける時、日本の占領下ではまさにこのことが行なわれたのである。

占領軍は、まず「同盟通信社」「朝日新聞」「ニッポン・タイムス」に業務停止或いは新聞発行の停止を命じ、その後「プレス・コード」なるものを発令して日本の報道機関に表現活動において三十項目にわたる禁止項目を示して弾圧をかけたのである。

例えば次のようなものが検閲対象になった。

①極東軍事裁判批判――極東軍事裁判に対する一切の批判、または軍事裁判に関係のある人物もしくは事項に関する特定の批判

②戦争擁護の宣伝――日本の戦争遂行および戦争中における行為を擁護する直接間接の一切の宣伝

③軍国主義の宣伝――厳密な意味での軍国主義の一切の宣伝

④ナショナリズムの宣伝――厳密な意味での国家主義の宣伝

⑤大東亜共栄圏の宣伝――大東亜共栄圏に関する宣伝

⑥戦争犯罪人の正当化及び擁護――戦争犯罪人の一切の正当化及び擁護

要するに、占領軍への批判禁止とこれまでの栄光ある日本の歴史の抹殺をはかったので

ある。

具体的にこうした検閲をするためにどのようにしたかと言えば、日本人を五百人雇い、当時の国務大臣の三倍の給与を支払ってチェックさせた。あらゆる出版物に関して事前に目を通し、二通の書類を作成し、一通はGHQの保管用に、一通は彼らが判断しておかしいと思うところを手直しさせたのである。しかもその高い給与は連合国からでなく、日本政府の予算から出ていたのである。

特に大東亜戦争に関しては、「ウォー・ギルト・インフォメーション・プログラム」(War Gilt Information Program)を作成し、日本人をして自らの戦争の正しさに対する否定・反感を自ら植え付けさせるとともに、占領軍の占領目的に対する積極的な理解と支持をあらゆる手段を駆使して、徹底して理解させようとしたのである。

こうした後に、昭和二十年の年末より、アメリカの宣伝用に作成された『太平洋戦争史』がほとんどあらゆる新聞に連載された。この『太平洋戦争史』は、日本が戦争をはじめた罪とこれまでの日本人に知らされていなかったアメリカに都合のいい歴史を伝えるだけでなく、特に南京とマニラにおける日本軍の残虐行為を強調していた。

さらにはこの『太平洋戦争史』は、その後各学校における歴史用の教科書となり、その使用が強要された。既に、従来の「国史」の教科書の使用が禁止されていたので、これはその禁止の穴を埋める代用の教材となったのである。

勝利すると信じた日本の未曾有《みぞう》の敗戦を体験し、当時の国民は虚脱状態になっており、そこに言論統制の中でアメリカ作成の新しい歴史が教育されていった。贖罪《しょくざい》意識がすり込まれたのは無理もないことであった。同様に、ラジオにおいても『真相はこうだ』の番組で、日本はこんなに悪かったという情報が大量に流されたのである。

また、秦の始皇帝が行なった焚書坑儒《ふんしょこうじゅ》のように、連合国側に都合の悪い書物、連合国を誹謗中傷する内容、日本を美化し讃える内容の書物は、作為的に没収または燃やされた。

こうした占領期の言論統制、そしてそれをさらに増幅拡大した日教組の戦後教育の中で、日本人は、悪しき侵略国家日本の観念がすり込まれ、国家を嫌悪する意識が培養されていったのである。即ち、日本の歴史が断絶されたのである。大地から栄養を吸い上げる根が切られてしまった樹木に造りものの花を無理矢理結わえ付けても、そこからは活き活きとした生命力溢れる美しい花を咲かせることはできない。日本国にとっても、我々個人にとってもあまりにも不幸なことであった。

では、どうすればよいか。前述のミラン・クンデラ氏はかく言うのである。

「われわれは忘却に対する闘争を開始しなければならない。忘却に対する闘争とは何ぞや。それは記憶の復権である。われわれはわれわれ自らの歴史を思い出そうではないか。それこそが今こんにちある権力を覆す思想の闘いの第一歩なんだ」

日本人としてのいのちの根っこである先人達の歴史を我らの手に回復することである。そこから日本人としての悦びと誇りが生まれ、祖国再興のエネルギーが湧き出すのである。

■極東国際軍事裁判が意味するもの

前述した「ウォー・ギルト・インフォメーション・プログラム」を一層劇的に進めるために設定されたのが、極東軍事裁判、いわゆる東京裁判である。

この東京裁判は、昭和二十一年一月十九日、連合国軍最高司令官マッカーサー元帥によって定められた極東国際軍事裁判条例が公表され、同年四月二十九日、昭和天皇様のお生まれになった日にあわせて二十八人が五十五の訴因によって起訴されたのである。この二十八人がいわゆる「A級戦犯」である。

裁判官は連合国のうち、アメリカ、英国、ソ連、フランス、オランダ、中華民国、オーストラリア、ニュージーランド、カナダ、インド、フィリピンの十一ヵ国から参加している。裁判官は全て戦勝国だけで構成されており、正当な裁判であれば、中立の国の裁判官も、さらには敗戦国の裁判官も入れるべきである。同年五月三日開廷し、昭和二十三年十一月十二日に閉廷した。そして、同年十二月二十三日、当時皇太子であられた明仁《あきひと》親王様のお誕生日に合わせて、七人の「A級戦犯」が絞首刑に処された。

この裁判はいかなる裁判であったか。米英ソ等の連合軍が先の大東亜戦争を裁き、日本を一方的に〝侵略国〟として断罪し、わが国への世紀の復讐裁判であったということである。

そもそもそれまでの軍事裁判は、戦争中特に人道上許されない行為をした場合に、その行為について裁かれるものであった。しかし、連合国は、新たに、①平和に対する罪、②人道に対する罪、を設けてこれまでの通例の戦争犯罪とともに、日本という国家そのものを断罪したのである。

ここで言う「平和に対する罪」とは、「侵略戦争」などを「共同謀議」して計画準備実行した罪というものである。しかし、当時は「侵略戦争」の定義もなく、国家の構成員として戦争を遂行することを犯罪とする国際法も存在しなかったのである。

また「人道に対する罪」は、もともとナチスドイツのユダヤ人大量虐殺を裁くためにニュルンベルク軍事裁判で設けられたものであったが、連合国は日本の戦争行為をこのナチスによるユダヤ人大量虐殺と同様のこととして裁こうとしたのである。しかし、もちろん、日本はユダヤ人大量虐殺のような虐殺は行なっていない。実は皮肉なことに、東京裁判では「人道に対する罪」で誰一人有罪にはなっていないのである。南京大虐殺という事件が急にこの裁判で浮上してきたのも、連合国はこの罪で何とか日本を裁きたかったからである。

要するに、東京裁判において、連合国は「法のないところに犯罪なく、法のないところに刑罰なし」という近代法の原則である罪刑法定主義を無視し、「法は遡《さかのぼ》らず」という事後法禁止の法理に反して日本の指導者を断罪したのである。

この点について、東京裁判の冒頭において被告弁護団の代表、清瀬一郎氏は大要このように主張した。

「極東国際軍事裁判所条例はポツダム宣言第十条(「われらの捕虜を虐待せしむる者を含む、一切の戦争犯罪人に対しては厳重なる処罰を加えられるべし)に根拠を置いている。従って、ポツダム宣言にいう「戦争犯罪」とは当時の国際法でいう戦争法規慣例違反のみである。『侵略戦争』を不法とする国際法は存在しなかった。国家の一員として行動した個人に国際法上の責任はない。連合国軍最高司令官に、新たな国際裁判所条例を制定して裁判する権限はない」

また、米国のブレイクニー弁護士も、原爆に言及し、「我々は広島に原爆を投下した者の名を挙げることができる。投下を計画した参謀長の名も承知している。その国の元首の名前も我々は承知している。彼らは殺人罪を意識していたか。してはいまい。原爆を投下したものがいる! この投下を計画し、その実行を命じこれを黙認した者がいる! その者たちが裁いているのだ」と、この裁判の不当性を訴えた。

つまり、弁護団は、いわゆる裁判所の管轄権の問題を提起したのであるが、却下されてしまう。また、東京裁判には十一名の裁判官がいたが、そのうち三名が個別反対意見を表明したのである。

とりわけ、インド代表判事のパール博士は、日本の行動を犯罪だと断定した多数派判決を真っ向から否定し、国際法を詳細に検討した結果として被告全員は無罪であると主張した。またオランダのレーリンク判事は、「平和に対する罪」は国際法の根拠を持たないと主張した。

このように「A級戦犯」を裁く犯罪概念、あるいはその根拠は国際法や慣例に基づかない、いわば「勝者の裁き」のためにつくられた概念であったのである。

この東京裁判の一つの焦点になった共同謀議についてのみ一言記しておきたい。

昭和三年から戦争終結までの間に日本の被告が共同して侵略の計画を立て、準備、実施を行なったというのが、共同謀議と言われるものである。

東京裁判が対象としている昭和三年から昭和二十年の間に成立した内閣は、十七代を超えているのである。しかも田中義一内閣から浜口雄幸内閣への交代のように、反対党への政権交代も一度や二度ではないのである。

今、自民党から民主党へ政権交代をしたが、共に角を突き合わせながら計画や準備が出来るものであろうか。それを見ただけでも共同謀議など出来るはずがない。

また、満州事変、日支事変、大東亜戦争の勃発時の内閣を見ると、その全てに閣僚であった人は存在していない。三つのうち二つの内閣で閣僚であった人物も「A級戦犯」の中にいないのである。さらに軍部の指導者にしても、こうした事変・戦争勃発時の内閣の任命・承認なしにその地位についたものはいない。これでどうして継続した共同謀議が行なえるというのか。

さらに大東亜戦争開戦時の首相であった東條英機氏も、満州事変ではまだ参謀本部の課長であり、日支事変勃発時は関東軍の参謀長であった。被告の中には東京裁判まで面識すらなかった者もいたのである。共同謀議など到底不可能なのである。このような歴史的事実関係から共同謀議は完全に否定されるべきものである。

米国の東京裁判研究者であるリチャード・マイニア教授も『勝者の裁き』のなかで、次のように言っている。

「起訴状や判決の前提となったのは、日本の歴史が共同謀議で説明できるという考え方であり、かつこの共同謀議が侵略的性格を持っていたという考え方であった。偏見なしに証拠が検討されておれば、こうした誤謬《ごびゅう》は抜本的にただされていたことであろう。だが極東国際軍事裁判所は、偏見なしに証拠を検討するつもりなど、はじめから持っていなかった」

東京裁判は、裁判という名に値しない、「日本を侵略国である」として断罪し、印象づける政治的復讐劇であったのである。

東京裁判については最後にパール判事の言葉を噛みしめたい。

「時が熱狂と偏見をやわらげた暁《あかつき》には、また理性が虚偽からその仮面を剥《は》ぎ取った暁には、その時こそ正義の女神はその秤を平衡に保ちながら、過去の賞罰の多くにその所を変えることを要求するであろう」

■占領体制を永久固定化する装置――日本国憲法

憲法とは、その国の魂であり、歴史・文化・伝統の総体である。しかし、占領軍は、ポツダム宣言を逸脱し、憲法まで手を加えようとしてきた。これは、「占領者は、占領地の現行法律を尊重して、公共の秩序及び生活を回復確保する……」とした国際法(ハーグ陸戦条約)に対する明らかな違反行為であった。

昭和二十年十月、幣原喜重郎《しではらきじゅうろう》首相は、マッカーサー元帥を訪問し、元帥から「憲法改正」の要請を受け、政府内に「憲法問題調査委員会」を設置するのである。しかし、政府の大方は「憲法の民主主義化」を実現するためには現在の大日本帝国憲法の条文の改正は必ずしも必要ではなく、現憲法下の条文の下においても法令の改正及び運用で十分可能である、と考えていた。

しかし占領軍は、自分たちの行なう日本改造がその場限りに終わることなく永久固定化をはかるために、憲法改正を日本に迫ってきたのである。

また、民間でも様々な憲法改正案が発表されるようになり、政府でも憲法改正案が検討されるようになったが、昭和二十一年二月、毎日新聞がその内容をスクープして発表してしまった。政府の改正案は、ポツダム宣言の十条「日本国政府ハ日本国国民ノ間ニ於ケル民主主義的傾向ノ復活強化ニ対スル一切ノ障礙《しょうがい》ヲ除去スベシ……」に基づいて、「天皇が統治権を総攬《そうらん》せらるる原則に変更はない」とする内容のものであった。これは日本政府として当然な主張でもあった。

しかし、占領軍は、ポツダム宣言を逸脱して憲法改正を図ろうと意図していた。当然この政府案には満足せず、自ら憲法改正作業を始めたのである。

昭和二十一年二月三日、マッカーサーは占領軍総司令部ホイットニー民政局長に、①天皇は国家元首の地位にある、②自国の安全を維持する手段としての戦争をも放棄する、③日本の封建制度は廃止される、などの内容を盛り込んだ「マッカーサー・ノート」を手渡し、具体的な憲法草案作成の作業を命じたのである。

そして二月四日、民政局員の秘書・通訳を含めた二十五人が総司令部の会議室に召集された。ホイットニー民政局長は次のように述べた。

「これはまさに歴史的な機会である。私はいま諸君に憲法制定会議の開会を宣言する。これからの一週間は、民政局は憲法制定会議の役割を果たすことになるだろう。

現下の日本における最も緊急の問題は憲法制定である。然《しか》るに日本側によって準備された草案は、まったく不満足なもので、最高司令官は、いまやご自分が介入する必要があると、感じられ……最高司令官は、日本国民のために新しい憲法を起草するという歴史的意義のある仕事を民政局に委託された。

日本側のまったく意表をつき、彼らが効果的な反抗を企て得ぬよう、極度の迅速と機密が要求される。

私は二月十二日までに民政局の草案が完成し最高司令官の承認をうけることを希望する。二月十二日に、私は日本の外務大臣その他の係官と、日本側の憲法草案についてオフ・ザ・レコードの会合を開くことになっている。……自分はその場所で民政局案を提示し、それを受け入れさせたいと考えているが……私は説得を通じてこういう結論に達したいと希望しているが、説得の道が不可能なときには、力を使用すると伝えるだけではなく、力を使用する権限を最高司令官から与えられている」(児島襄著『史録日本国憲法』)

もちろん、このマッカーサー草案作成に疑問を表明する者もいたという。それはそうであろう。作成作業に関わった者の中に憲法を専門とする者はいなかったのであるから。こうしてわずか一週間でマッカーサー草案が出来上がったのである。一方、日本側の「憲法改正要綱」も総司令部に提出されていた。

二月十二日、ホイットニー民生局長一行は、外務大臣官邸で日本側と会合を持った。その中でホイットニーは次のように述べた。「先日諸君が提出された憲法改正案は、自由と民主主義の文書として最高司令官が受諾するには全く不適当なものである。しかしながら、最高司令官は、過去の不正と専制から日本国民を守るような自由かつ開明的な憲法を日本国民が切望しているという事実に鑑《かんが》み、ここに持参した文書を承認し、これを日本の情勢が要求している諸原理を体現した文書として諸君に手交するよう命じられた」

その後、彼等は一旦退席した。日本側に三十分の検討時間を与えたのである。戻ってきたホイットニーは、「最高司令官は、天皇を戦争犯罪者として取り調べるべきだという他国からの圧力、この圧力は次第に強くなりつつありますが、このような圧力から天皇を守ろうという決意を固く保持している……だが、紳士諸君、最高司令官といえども、万能ではない。ただ最高司令官は、この新しい憲法の諸規定が受け入れられるならば、実際問題としては、天皇は、安泰になると考えておられる。さらに最高司令官は、これを受け入れることによって、日本が連合国の管理から自由になる日がずっと早くなるだろうと考えておられる……」としてこの憲法を採用しない限り、「天皇の身体は保障できない」と脅しをかけてきたのである。

しかし、当時の幣原首相は抵抗を示したがさらに占領軍から圧力が加わり、ついにこの憲法草案を閣議で受け入れることになるのであった。この時の様子を法制局次長入江俊郎氏はこう回想している。

「閣僚のかたがたはずいぶん驚き、また悩みを持って議論されたのであるが、先方の一番の眼目は、天皇象徴の規定と戦争放棄の規定である。大いに議論したが、この二つを承認しないと、さらに何かもっと大きなものを失うおそれがある。内閣として、この案に沿って考えて行くほかはない。いわば煮え湯を飲むような気持ちで、この案に沿って考えをまとめていくことになった」

三月四日、松本国務相は佐藤達夫法制局第一部長を伴い、このマッカーサー憲法草案に沿って考えた日本側の草案を持参して総司令部に出頭した。白州次郎終戦連絡事務局次長や外務省の翻訳官は既に先着していた。

日本案を読んでまず、ケーディス民生局次長が「このマッツモト案は米国の主義原則に数々の点で違反している。日本政府は果たして米国案を受け入れるつもりがあるのか」と罵声を日本側に浴びせ、占領軍と日本側で大激論が交わされた。そして遂に松本国務相は席を蹴って退席する。一方総司令部はそれをいいことに、残された佐藤部長と翻訳官をカンズメにし、日本国憲法確定案を徹夜作業で作成させたのである。彼らの必死の抵抗にもかかわらず日本側草案は却下され、マッカーサー草案が再び底本となった。

そして、翌日、マッカーサー草案を政府の審議として進められたが、総司令部の指示に従う他はなかった。

幣原首相は閣議の最後にこう述べたという。

「かような憲法草案を受諾することはきわめて重大な責任である。おそらく子々孫々に至るまでの責任であろうと思う。この案を発表すれば一部の者は喝采するであろうがまた一部の者は沈黙を守るであろう。しかし深く心中我々の態度に対して憤激をいだくに違いない。だが、今日の場合大局のうえからそのほか行く道がないと思う」

この無念の思いは閣僚だけの思いではなかったのである。抵抗も空しく、総司令部で徹夜の作業を余儀なくされ、結局マッカーサー草案を確定案として押しつけられた白州次長は、その思いを次のように書き記しているのだ。

「斯《か》くの如くしてこの敗戦最悪の憲法案は生《うま》る。『今に見ていろ』と云《い》う気持ち抑えきれずひそかに涙す」

三月六日、「憲法改正草案要綱」が勅語とともに発表され、占領軍の圧力の下に審議を重ね、十月九日貴族院本会議で改正案が可決された。その瞬間、場内は一瞬寂《せき》として声なく、しばらくして後、波のような嗚咽《おえつ》の声が議場を覆《おお》ったといわれている。

そして一年後の秋の気配がしのび寄る昭和二十二年九月二十五日、かつての憲法問題調査委員会の顧問であった老学者がひとりこの世を去った。場所は熱海の錦ケ浦。遺書には次のように記されていた。

「新日本憲法の発布に先立ち私擬憲法案を公表したる団体および個人ありたり、其中《そのなか》には共和制を採用することを希望するものあり、或は戦争責任者として今上《きんじょう》陛下の退位を主唱する人あり、我国の将来を考え憂慮の至りに耐えず、併《しか》し小生微力にして之《これ》が対策なし、依《よっ》て自決し幽界より我《わが》国体を護持し今上陛下の御在位を祈念せんと欲す、之《これ》小生の自決する所以《ゆえん》なり。而《しか》して自決の方法として水死を択《えら》びたるは、楚《そ》の名臣屈原《くつげん》に倣《なら》いたるなり

昭和二十二年五月新憲法実施の日認《したた》む

元枢密院議長　八十翁　法学博士　清水澄《とおる》」

現在の日本国憲法はかくのごとくして押しつけられ、日本の魂を守ろうとした先人は必死に抵抗し戦ったのである。

現在の日本国憲法の前文には次のように書かれている。

「……政府の行為によつて再び戦争の惨禍が起ることのないやうにすることを決意し……平和を愛する諸国民の公正と信義に信頼して、われらの安全と生存を保持しようと決意した」

ここには「日本は侵略国であり、国際社会が日本の安全と平和を確保する」という思想が明確にあり、戦勝国に対する詫び証文であり、独立国家の憲法として恥ずかしいものである。マッカーサー憲法を起草したケーディスなどが後年、「まだ日本国憲法を使っているのか」と驚いたように、それを後生大事にしてきたのは、占領中に植え付けられた戦後の歪んだ思想に洗脳されてきたからである。遅きに失するのであるが、我々はもう目覚めて、「憲法改正」「新憲法制定」に早急に立ち上がらなくてはならないのである。

■公職追放の間隙を埋めたもの

昭和二十一年より、占領軍の絶対的権力により公職追放令が次々に発令されることになり、一年半ほどの間に二十万余の日本人が追放されることになった。

この公職追放令は、占領軍民生局のチャールズ・ケーディスが中心となり、その右腕だった外交官ハーバート・ノーマンらによって発せられた。ケーディス自身は左翼、ハーバート・ノーマンはソ連の工作員で、後に裁かれそうになって自殺した人物である。

彼らが、この公職追放令によって、戦争に荷担したという名目のもとに、軍人、官僚、政治家だけでなく、出版、産業等の各界の代表、幹部にも及び、明治、大正以来、日本の社会が営々として育て築き上げてきた優秀な指導者層をことごとく一掃してしまったのである。戦争に荷担したというのであれば、戦争であるから殆《ほとん》どの国民が荷担したことになる。要は、連合国軍総司令部が希求する、戦前までの日本を封建主義、軍国主義と断罪し、反日的な思想を持つ人達のみが生き残る構造を作り上げたのである。その意味で、総司令部が日本弱体化政策を推進し、日本社会を構造的に変革する上で、公職追放令は大変重要な役割を果たしたのである。

つまり、公的には言論の自由、思想の自由を謳《うた》いながら、それはあくまでも総司令部にとって都合のいい自由であり、総司令部の政策に違反する自由は、民意であろうとも一切の自由は許されなかったのである。

この公職追放によって二十万人余りを追放したあとに、どのような人が人員補充されたか。彼らの多くが、当時戦時下において、日本の方針とは違う思想を持った人、総司令部の政策に賛同する人などいわゆる反日的な左翼の人々であった。

とりわけ、教育界、学界においてはその影響力は大きかった。例えば、東大の南原繁総長。彼はサンフランシスコ講和条約の際、コミンテルンの指示を受けて全面講和を主張し続けた人間である。彼のあと、東大総長となったのが矢内原忠雄氏である。彼は何と戦前「神よ、日本を滅ぼしたまえ」という論文を書いた人物である。さらには法政大学の大内兵衛学長や京都大学の滝川幸辰総長なども左翼的学者であった。

彼らは、多くの門弟達を引き連れてそれぞれの大学に乗り込んできた。そして、偏向教育を行ない、学生達は反日的思想を刷り込まれていったのである。

また戦後、次々と新しく創設された大学にも、大学講師や教授として彼らの門弟が赴任していった。このようにして戦後社会は反日的ないわゆる左翼の人々が拡大再生産されて社会へ送り込まれていった。そして、彼らは高学歴であるから、官公庁や法曹界、経済界、マスコミ、医学界、企業幹部など、その業界や社会でリーダーとなり、戦後社会を形成してきたのである。

この公職追放によって反日的な人々が日本社会の指導層を占めた。そのことによって日本の社会構造が戦前・戦中と戦後の間で大きく断絶したのだと分かれば、今日の日本が抱える様々な問題がよく見えてくるはずである。

例えば、戦後レジームからの脱却を謳《うた》って誕生した安倍晋三首相政権では、マスコミは重箱の隅を突つくように、どんな小さな事までも探し出してきて安倍下ろしのキャンペーンを行なった。しかし、鳩山首相のときはどうだったか。日本国家に大変なダメージを与え、誤った、酷《ひど》い、だらしない失政をしようとも、マスコミは批判のそぶりをするだけである。本当の真実を問い正すようには騒ぎ立てなかった。なぜか、それはマスコミの指導者層が反日的であり、その観点から有利な言論展開を望んでいたからである。

辞任した鳩山首相の祖父、鳩山一郎氏も公職追放に遭《あ》うが、それは、はしなくも占領政策の真の狙いを露呈した。

昭和二十一年四月の戦後最初の総選挙で、鳩山一郎氏の自由党が第一党になり、当然彼が首相になるはずであった。しかし、この選挙結果は民政局のケーディスなどの思惑はずれであった。民政局が希望したのは左翼政党であった。選挙の四日前、ケーディスは戦時中の鳩山氏の言説のコピーをアメリカ左派のマーク・ゲインに渡し、彼はそのコピーを同僚に配って外国人向けの記者会見で鳩山を吊るし上げたと聞いているが、それでも民意は鳩山と自由党を第一党にしたのだ。

日本の政治には、自由民権、大正デモクラシーの伝統があり、戦後の国民の大多数が政治を託そうとしたのは、革命的な左翼政党ではなく安心できる自由党であった。

鳩山一郎氏は、昂然《こうぜん》と反共を宣言し、保守の結集を呼びかけた。それが民政局の逆鱗《げきりん》に触れたのである。そこで総司令部は、鳩山一郎氏の首相就任の日を選んで鳩山氏の公職追放を指令したのである。

この効果は絶大であった。その後、鳩山氏にかわり急遽吉田茂が首相となるが、その内閣で憲法改正の審議が行なわれた。この時、占領軍の意向だと伝えられるだけで反対の声は皆無となったという。当然であったろう。戦時中要路にあった者は誰もが戦争に協力した。そのことを口実にされて追放されるのであるから、誰もが慎重にならざるを得なかったのである。

これとは反対に、戦争中、重要な公職についていなかったがために公職追放とならず、繰り上がりで上り詰め、首相になった人もいた。後に所得倍増計画を打ち出した池田勇人《はやと》首相である。彼は大蔵省に入るが、途中で落葉状天疱瘡という稀代の病気に冒される。それで、長期の休職をし、同期入省の仲間よりもずっと出世が遅れてしまう。しかし七年ほどかかって健康が回復し、ある日デパートを歩いていると、昔、仲の良かった現役の大蔵省の役人と会った。「君は病気が治ったのか。大蔵省に戻ったらどうか」と言われて復職した。その時に幹部や上司の多くが公職追放に遭《あ》い、彼はスルスルと昇進していくのである。昭和二十五年には大蔵省事務次官まで上り詰めた。

佐藤栄作首相もそうである。彼は鉄道省の出世コースにいた。しかし、どういう理由からか大東亜戦争の敗戦直前に大阪鉄道局長に飛ばされた。それが幸いして公職追放を免れるのである。遠縁に当たる吉田茂首相とは早くから親交があり、優秀でもあったことから、議員でなかったにもかかわらず第二次吉田内閣で官房長官になり、その後総理大臣にもなったのである。

アメリカ占領軍による日本占領は終戦から昭和二十七年四月二十八日までの七年間に及んだ。そしてアメリカの占領が終わって五十八年が経つが、現在の日本はいまだに占領期の呪縛から抜け出せずにいる。それはアメリカが作り上げた占領体制の装置がいまだに機能し続けているからである。すでに述べたように、現在の日本国憲法で日本の国家体制の骨格を固め、安保体制でアメリカの軍事力の傘下に組み入れ、七十年前の戦争の責任をすべて日本に帰し、その贖罪《しょくざい》意識を教育によって増幅させつつ拡大再生産させてきたからである。

我々日本人は、すでに耐用年数を遙かに超えたこの国家の枠組みの中に安眠してきた。しかし、民主党政権の発足によって我が国の政治が機能不全に陥り、日本が沈没の危機を迎えている現在、私たちは日本の原点に立ち返り、一気に新しい日本を創出しなければならない時を迎えているのである。

第六章　戦後の呪縛から解き放たれて日本再興へ

■自主憲法制定のとき

戦後の日本の歴史を振り返る時、占領体制を固定化する現憲法を改正し、日本の真の姿を取り戻す好機は、何回かあった。

吉田茂首相は五年間政権を担当し、サンフランシスコ講和条約も日本の全権として締結に成功した。この時こそが戦後最大の憲法改正の時期であった。

ところがこの時、吉田茂首相は何と言ったか。「日本は商人国家で行く」と言ってしまったのである。日米安保によってアメリカの武力に依存しながら、経済主義に走ると宣言したのである。

だからこの時、椎名悦三郎外務大臣が「アメリカは日本の番犬だ」と国家で発言すると、「番犬とは何事だ」と反対論が噴出した。すると椎名外相がもう一度立って「間違えました。番犬様でした」と言ったというエピソードが残っている。左翼勢力の攻勢も激しかったのであるが、戦後の貧しい経済状況に直面し、それを乗り超える「自立国家路線」への切り替えに躊躇《ちゅうちょ》したのである。

次は昭和三十年、連合国の占領体制を克服し日本の自主独立路線を歩むため、自主憲法制定を掲げて、自由党の鳩山一郎、岸信介、民主党の吉田茂などが中心となり、保守合同による自由民主党が結成された時である。この時、占領によって断絶された日本の歴史、伝統、文化が甦る一条の光が射したかに見えた。自民党の「党の使命」は「世界の情勢を考え、国民の現状を省み、静かに祖国の前途を思うに、まことに憂慮にたえぬものがあり、今こそ、強力な政治による国政一新の急務を痛感する」という書き出しから始まり、新たな時代を創る使命に燃えた力強いものであった。続けて次のように述べている。

「原子科学の急速な進歩は、一面において戦争回避の努力に拍車を加え、この大勢は、国際共産勢力の戦術転換を余儀なくさせたが、その終局の目標たる世界制圧政策には毫《ごう》も後退なく、特にわが国に対する浸透工作は、社会主義勢力をも含めた広範な反米統一戦線の結成を目ざし、いよいよ巧妙となりつつある。

国内の現状を見るに、祖国愛と自主独立の精神は失われ、政治は昏迷《こんめい》を続け、経済は自立になお遠く、民生は不安の域を脱せず、独立体制は未《いま》だ十分整わず、加えて独裁を目ざす階級闘争は益々熾烈《しれつ》となりつつある。

思うに、ここに至った一半の原因は、敗戦の初期の占領政策の過誤にある。占領下強調された民主主義、自由主義は新しい日本の指導理念として尊重し擁護すべきであるが、初期の占領政策の方向が、主としてわが国の弱体化に置かれていたため、憲法を始め教育制度その他の諸制度の改革に当り、不当に国家観念と愛国心を抑圧し、また国権を過度に分裂弱化させたものが少なくない。この間隙が新たなる国際情勢の変化と相まって、共産主義及び階級社会主義勢力の乗ずるところとなり、その急激な台頭を許すに至ったのである」

ここには、日本の危機の本質及び課題が明確に把握されていたのである。続いて、その危機克服のための力強い決意が語られている。

「この国運の危機を克服し、祖国の自由と独立と繁栄を永遠に保障するためには、正しい民主主義と自由を擁護し、真に祖国の復興を祈願する各政党、政治家が、深く自らの過去を反省し、小異を捨てて大同につき、国民の信頼と協力の基盤の上に、強力な新党を結成して政局を安定させ、国家百年の大計を周密に画策して、これを果断に実行する以外に途はない」

この「党の使命」を素直に読めば胸熱くなってくるものがある。歴史に「もし」という言葉は許されないが、その後の自民党議員に私も含めて、この「党の使命」の精神が横溢していたならば、今日の日本の政治はここまで失墜することはなかったであろうとつくづく自責の念にかられるのである。

初代自民党の総裁は、鳩山由紀夫氏の祖父、鳩山一郎氏であった。彼は脳溢血で倒れるが、生長の家の谷口雅春師の『生命の實相』を読んで健康が回復し、政界復帰を果たし、昭和二十九年、首相に指名された。そして保守合同を果たして後、昭和三十三年、憲法改正を争点にして第二十四回総選挙を戦ったのであった。しかし、戦後間もない頃であり、厭戦《えんせん》主義、反日的な労働組合、日教組を中心とした組合、言論界、学生の間に、憲法改正反対の意見が強く、憲法を発議するに必要な三分の二の議席数を獲得するには至らず惨敗であった。

その後の自民党内閣は、日本の占領体制をトータルに問い直し、押しつけ憲法を改正するなどの日本の自主独立路線を回避した。池田勇人首相の「所得倍増計画」、田中角栄首相の「日本列島改造」などに象徴されるように、日米安保体制の下にひたすら経済至上主義路線を走ってきたのである。

その路線を選択した理由は、すでに述べたように、安保体制の下で現憲法を金科玉条にし、この永久固定化を図ることにより自己の利益を保持しようとしたマスコミをはじめ、反日勢力が大きく立ちはだかっていたこともあったであろう。また、憲法改正では有権者票を獲得出来ないという現実の苦悩もあったであろう。

しかし、それ以上に、日本の歴史、文化、伝統を回復し、自主憲法を制定しようとする自民党結党の理念と使命が忘れ去られ、政権政党に執着する権力欲が自己目的化してしまったことが大きな原因であろう。この腐敗した精神から自民党の金権体質も生まれたのである。

とはいえ、自民党が結党の理念、自主憲法制定路線を掲げても、現自民党の議員の多くが戦後教育の中で国家観を確立出来ず、自民党結党の理念も理解出来なくなっており、改憲勢力の核とはなり得ないのである。

また、現在の民主党政権では政治は益々閉塞状況に陥り、日本国家自体が崩壊しかねない事態にまで立ち至っている。事は急を要すると共に現状を切り拓《ひら》く新たな視点が必要なのである。

しかも、二十一世紀の厳しい国際状況の中で、現憲法をそのまま護持するならば、日本はいずれ破局の道を辿らざるを得ない。そこで、二十一世紀を切り拓く、新たな自立自存の国家像を豊かな日本の歴史、文化、伝統に求め、その国家像を体現した光輝ある新憲法を制定すべく立ち上がり、改憲勢力結集の大きな契機にしたいと、私共「たちあがれ日本」は考えているのである。

■戦後民主主義は本当に正しいのか

現憲法では、国民主権が明確に定められている。しかるに、天皇制が厳然と存在し、矛盾するのではないかという人がいる。しかし、天皇様がいらっしゃることによって、民主主義は健全な運営をすることが出来るのであり、国民主権と天皇制とは対立概念ではなく、共存共栄の調和概念である。

戦後、この民主主義については手を付けることがタブーのようになり、日本人は民主主義が最高至上のものであると思っている傾向がある。しかし、イギリスのウィンストン・

チャーチルは、「民主主義は最悪の政体である。これまで試されたあらゆる政体を別にすれば」と述べている。これは、民主主義は最高ではないが、これにかわるものがないから活用するという程度の意味である。つまり、最高の政治原則ではないのである。

民主主義の盲点を突いた好適な事例がある。ドイツで一番民主主義的と言われた憲法がワイマール憲法であった。この最も民主的な憲法体制の中で、ユダヤ民族を虐殺した独裁者として悪名高い独ナチスのアドルフ・ヒトラーは誕生したのである。しかも国民から熱狂的支持を受けたのである。民主主義は、多数決によって権力を握れば、何を行なってもよいという独裁者を生み出す可能性があるということである。つまり、民主主義体制下で権力を握る人は、よほど慎み深い人でなければ、逆に国民が大変な害を被《こうむ》るということである。

小沢一郎氏の下での民主党はナチスに近い状態であった。昨平成二十一年の天皇様と中国の習近平副主席との強引な特例会見についての釈明会見で、政権をとれば天皇様であろうが自由に支配できるのだという平成の弓削《ゆげ》の道鏡なみの独裁者としての小沢幹事長の側面が色鮮やかに描き出された。このことの重大な意味を私たちは深く記憶しておくべきである。

例えば、民主党は地方の請願は民主党幹事長を通さねばならないという幹事長独裁体制を敷いている。だから、民主党の国会議員でもない人が選挙区をまわり、御用聞きをするのである。「私に言っていただければ、請願は幹事長を通して実現しますから」と、議員でもなんでもない人物が御用聞きにくるので、地元の議員達は怒ったのである。

さらに、民主党が衆議院、参議院の両院の過半数を確保するようになり、その上に小沢一郎氏のような幹事長が君臨すれば、独裁体制が完全に確立され、閉鎖的独裁政治、闇政治が横行するようになってしまい、外国人地方参政権付与法案等の国家解体法案も闇のうちに成立しかねないのである。

だから、民主主義はよほど慎重に扱わねばならない。現憲法下の日本では主権は国民にあるということになっている。戦前の主権者は天皇様であったけれども、「天皇様に私なし、君民一体、君臨すれども統治せず」という形式で、大日本帝国憲法が発布された時でも、この憲法はヨーロッパから見ても、民主主義的過ぎるのではないかと懸念されたほどである。

日本の歴史・伝統に則して考えても、初代、神武天皇様の建国の詔《みことのり》には、「苟《いやしく》も民に利有らば、何んぞ聖造《ひじりのわざ》に妨《たが》わむ。且《ま》た当《まさ》に山林を披き払《ひ》い宮室《おおみや》を経営《おさめつく》りて、恭《つつし》みて宝位《たかみくら》に臨み、以て元元《おおみたから》を鎮むべし」と書かれている。民への福祉が天皇様のお仕事であると明確に謳《うた》われるとともに、民を「おおみたから」とよばれ、国の宝と考えられたのである。日本においては、天皇様を中心におく時、最も民主的な政治が行なわれるということである。

現憲法では総理大臣が国の代表としての元首なのか、天皇様が元首なのか、明確に定めていないから、国の代表である元首が誰なのか判らないのである。現憲法の第一条から八条までは天皇様の国事行為が規定されているが、同時に内閣総理大臣の権能も天皇様の国事行為と似ている所があり、明確ではない。

しかも、外国の国々は、天皇様を日本の元首として国際儀礼等でも待遇している。日本の歴史、文化、伝統を踏まえた国柄、そして国際親善の現状に照らし合わせても、天皇様が元首であり、その下に国民主権があるとするのが一番いいのではないか。最も民主的な政権運営がなされるのではないかと思う。

これに対して、国民受けを狙い直接民主制を採用して首相公選制を主張する人がいるが、これは現在日本が取っている議会制民主主義よりも危険であり、独裁者が生まれやすい。日本人はすぐに熱狂しやすく、あの小泉首相の郵政民営化選挙では圧倒的に自民党が勝利したが、次には政権交代の言葉に欺《だま》されて民主党が大勝利し、次にまた民主党に欺されたと多くの有権者が嘆いているではないか。

しかも、公選制にすることで日本の中心が曖昧《あいまい》になってしまい、天皇様を中心とする日本国家の特色が不明確になり、混乱を引き起こす種になりかねない。

総理大臣というのは、日本の歴史と伝統に則して考えると、天皇様を輔弼《ほひつ》する最高の責任者と位置づけるのが最も理に適っている。私の養父・騏一郎《きいちろう》は「政治は天皇様からお預かりしている」という感覚があった。だから、昭和十四年、誰もがヒトラーとスターリンとが結びつくとは予想できなかったところに独ソ不可侵条約が結ばれ、それで騏一郎は「欧州の情勢複雑怪奇なり」と言って総理を辞職した。この意味は、既に述べたように、政治を陛下からお預かりしているのに欧州の情勢を読み切れなかった、日本を陛下からお任せ頂きながらその任に耐えず、その不明をお詫び申し上げて辞職するという意味のものである。

天皇様の下での国民主権の民主政治こそ、「政治は預かりもの」という観念が生まれ、腐敗することなくクリーンで責任ある政治が行なわれるのである。

■国を守る意志なくして国家存立なし

明治の頃に活躍した外務大臣、陸奥宗光《むつむねみつ》や小村寿太郎《じゅたろう》は、弱肉強食の国際社会にあって、いかなる外交信念を持っていたかというと、「外交は軍事によって裏付けられる」ということである。裏返せば、軍事力なき外交は本当の外交ではないのである。日本の戦後という時代は経済力はあったかもしれないが軍事力を持たずにきた。憲法前文に「平和を愛する諸国民の公正と信義に信頼して、われらの安全と生存を保持しようと決意した」とし、憲法九条による戦争放棄の補填《ほてん》をしてきたのが日米安保条約であった。しかし、その代償として日本独自の外交が展開出来なかったことは事実である。

こう言ったからとて軍国主義になれと言っているのではない。真に国益を背負って外交をするというのであれば、軍事力は不可欠であると言っているのである。それが世界の土俵に出ていくということであり、世界共通の認識である。「世界の常識、日本の非常識」と言われる原因は、憲法九条の思想により戦後六十年余り、軍事を考えてこなかったからである。

例えば戦後一方的に占拠されてしまっている竹島。歴史的には日本の領土であることは明確である。明治三十八年（一九〇五年）、日本政府は「島根県隠岐島司《おきとうつかさ》の所管の竹島」と閣議決定している。韓国が日本に併合され、サンフランシスコ平和条約によって独立し、周辺の済州島などの島を韓国へ返還することになったが、竹島は対象外であったことは米国も認めていたのである。

しかし、韓国は一九五二年一月、李承晩《りしょうばん》政権が一方的に竹島を占拠し既成事実化した。日本は当時アメリカの占領下であるから指を加えて見ているしかなかった。それ以来六十年近く居座っているのである。そこには四十数名の武装警備隊を常時配置しているため、日本の自衛隊を派遣することが出来ない。海上保安庁の巡視船が月に一度くらい竹島に近づき、拡声器で「ここは日本の領土であるから即刻出て行きなさい」と叫んでいる。しかし返ってくるのは大砲の攻撃であり、日本が韓国に何度も抗議し、交渉を呼びかけても応じない現状である。

竹島を取り戻すために、国際司法裁判所に提訴する方法もあるが、日本と韓国の両国が同時に提訴しないと国際司法裁判所は取り上げないことになっている。韓国は国際司法裁判所の場で竹島の領有権が争われると負けることを認識しているから、日本が提訴すると言っても、それに同調しないのである。

また、北方四島は、ソ連が火事場泥棒のように日本に侵入して占拠した。日本の終戦は昭和二十年八月十五日。ソ連が千島列島に侵攻してきたのは八月十九日である。エトロフ島まで来たのが九月三日である。いうならば日本が武装解除して抵抗する力がなくなった中で取られてしまった領土である。それに対し、戦後六十五年経ても一向に解決の方向がみえない。なぜか。それは日本の権威としての軍事力がないからである。それが国際社会の冷厳な事実なのである。

さらに尖閣諸島もある。宇宙探査衛星で見ると、尖閣諸島周辺には天然ガスや石油の油田があることが解った。これまで尖閣諸島の領有権を主張していなかった中国、韓国、台湾までが、このことが明らかになるや領有権を主張するようになったのである。

現在の台湾の馬英九《まえいきゅう》総統はアメリカの大学で学んでいるが、その卒業論文は「尖閣諸島」である。もちろん台湾名の「魚釣島」で論文を書いているが、その中で魚釣島は台湾固有の領土であると主張しているのである。

二〇〇八年、台湾の観光客が乗船している遊漁船が尖閣諸島の領海に入ってきたことがある。そこで警告を発するために海上保安庁の巡視船が接近した際、不運にも接触して、その遊漁船が沈没する事件が起きた。それで台湾のマスコミは大変騒いだ。台湾の議会では、過激な議員が「尖閣諸島に海軍を派遣すべきである。日本と戦争である」という主張まで飛び交ったのである。

私は台湾の議員との連携を深める日華議員懇談会の会長をしているので、日本の国会にあたる立法院の王金平院長(日本の国会議長にあたる)に連絡した。「台湾が尖閣諸島に軍艦を派遣したら、日本は海上保安庁の船でなく海上自衛隊の軍艦が出動することになる。本当にそういうことになったら両国にとって不幸だから、院長、それは止めさせて下さい」と断固として主張したのである。すると王院長が馬英九総統に相談して軍艦派遣にはならなかったのである。

しかし、中国も韓国も台湾もこの尖閣諸島を虎視眈々《こしたんたん》と狙っている。本当に領土を守る意志をもつなら毅然《きぜん》としなければならないのである。

もう一つ紹介する。台湾にも中国大陸にも近い与那国島がある。かつては人口が六千人ほどいたが、現在は約一二〇〇人に減少している。この辺りは国境の最前線であり、中国の艦船も近くまで来るので住民が怯《おび》えている。それで自衛隊を駐屯させようとしたら、民主党がそれを拒んだのである。しかもその理由は予算がないということなのである。では誰が守るのか。年老いた警察官二人が二丁の拳銃を持って守れというわけである。これがお寒い日本の安全保障の現実なのである。

鳩山由紀夫氏が施政方針演説で「いのちをまもる政治を！」と何回も唱えたが、単に歯の浮いた言葉としか受け取れなかったのは、そのような行動がまったく伴っていなかったからなのである。

■増大する中国の軍事的脅威

日本を取り巻く状況は、中国の軍事増強で厳しさを増している。共産主義独裁の中国は、ここ二十一年間、二桁台で軍事費を増額している。即ち、二十一年前をベースにして考えると中国の軍事費は二十倍にもなっているのである。日本の防衛費は現在、年間四兆七千億円程度である。中国は正確な統計を出していないので正確な金額はわからないが、少なくとも十五兆円はあるだろうと言われている。

従って、装備もミサイルを毎年一二〇機ずつ増やし、一二〇〇発の中距離弾道弾を配備し、既に原子力潜水艦も原子爆弾も水素爆弾も保有し、それを運搬するロケット技術も開発している。ここ数年以内に航空母艦も保有して太平洋地域に進出しようとしている。

しかも、日本とアメリカが普天間飛行場移設問題で揺れている間隙を縫って、日本への軍事行動も活発化させている。

本年平成二十二年四月には、中国艦艇十隻が沖縄・宮古島間を通り抜け、沖ノ鳥島西方海域で大々的な海上訓練を実施した。さらには、奄美大島の北西約三二〇キロの日本の排他的経済水域(EEZ)内で中国国家海洋局の海洋調査船「海監51」が、日本の海上保安庁の測量船「昭洋」に異常接近した。もちろん、日本の当局は中国にこれを厳重抗議した。しかし軍事力をもって排除できないと見るや、中国はその状況を既成事実化し、さらに日本の奥へと侵入しようとするだろう。それが中国の常套手段である。日本の排他的経済水域(EEZ)内まで入って傍若無人に振る舞うことは、立派な侵略行為と言っても言い過ぎではない。

これに対し、我が国の防衛情況はどうか。かつてはGNP一パーセントの枠がはめられていたが、その撤廃後もGDP一パーセント前後を推移している。だが、日本のGDP自体が大変少なくなっている。小泉政権誕生の時、GDPは五八〇兆円あったが、五年五ヵ月の政権担当を経て五〇八兆円に減少し、昨年(平成二十一年)は四八〇兆円にまで落ち込んでしまった。五八〇兆円の時は一人当たりのGDPは世界第二位であったが、現在は驚くなかれ十九位にまで転落している。絶対額が減少している日本は、軍備拡大を押しすすめてきた中国に太刀打ち出来なくなっているのである。

小泉政権の折、郵政選挙で静岡から出馬して衆議院議員となった片山さつき氏が大蔵主計官時代、航空自衛隊十三個旅団のうちの一個旅団を財政緊縮を理由に潰してしまった。国を守るという国家の常識を持たない大蔵省と彼女だけでそうしてしまったのである。

ついでながら、防衛省はアメリカのF22戦闘機を第五世代の主力戦闘機として導入を計画した。Ｆ22戦闘機の能力は非常に高く、ステルス機である。敵のレーダーに発見されることなく、遠距離からの攻撃が可能である。さらに、エンジン性能の面でもアフターバーナーを使用せずに超音速巡航が可能であり、短距離離着陸もＯＫである。近接戦闘能力も高い。しかし、アメリカは日本には売却しないと決定した。アメリカはこの機密性の高い最新鋭戦闘機を輸出することを連邦法で禁止したからである。

かつて日本で自主開発すればいいではないかという意見があった。実際、石原慎太郎氏を中心とした「黎明の会」で、三菱重工や石川島播磨のメーカーの社長を招き、「日本が純国産の戦闘機を開発することは可能なのか」と尋ねたことがある。彼らは「出来る」と答えた。しかも相当高性能の戦闘機を作ることができるということであった。ただエンジンは戦後、日本が飛行機を作ることを禁止されたため、一定以上の馬力のエンジンが出来ないが立派な戦闘機は作れるという。それでつくる運動を始めたのであるが、政府の要職にある政治家達が凄まじい圧力をかけてストップをかけて来たのである。理由は「アメリカが反対している」からだった。

それはともかく、中国はＦ22の戦闘機と同等の能力を持つ戦闘機を開発している。今までは日本の航空戦力が中国を凌駕《りょうが》していたが、今後はそれが逆転するかもしれない。

■誤解されている文民統制

自衛隊のあり方も、先の大戦で羹《あつもの》に懲《こ》りて膾《なます》をふいてしまったように、シビリアン・コントロール、即ち文民統制一色になってしまっている。本来の文民統制とは、我が国が緊急事態に陥った時、戦争をするかしないかを決定するのは文民であるが、もし戦争になれば専門家である軍人に任せるというものである。

戦術や戦闘の一々を素人の文民の許可を得なければならないのであれば、戦争は負けてしまう。現在の日本は、何から何まで文民が軍人に許可を出している。これは世界の常識から言っても間違いである。田母神俊雄《たもがみとしお》航空幕僚長が民間の論文に応募しただけで、シビリアン・コントロールに違反したと言って解雇するのは間違っている。そしてそれを異常と感じない世の風潮をとても嘆かわしく感じる。

こう考えた時、現憲法の前文にある「日本国民は、恒久の平和を念願し、人間相互の関係を支配する崇高な理想を深く自覚するのであつて、平和を愛する諸国民の公正と信義に信頼して、われらの安全と生存を保持しようと決意した」という甘えた自立心なき精神は何としても払拭しなければならないのである。

また現憲法では権利、権利のオンパレードであり、義務は納税の義務のみである。この他に、権利と義務の両方を謳《うた》っているものに教育と勤労があるが、それらをいれても三つだけである。現憲法に規定された義務はたった三つしかないのである。国家は運命共同体でもあるのだから、義務の涵養《かんよう》もぜひ必要である。

日本は独立国である。独立国であり続けるためにはどうしても自らの力で国を守るという意志と努力を明確に示さなければならないのである。その上で日米安保条約を大切にしていく必要がある。

■日米同盟は日本にとって重要である

現在、民主党政権は東アジア共同体構想を打ち出し、日本、アメリカ、中国の関係は正三角形であり、日本にとってアメリカと中国とは等距離であるという外交政策を進めようとしている。日本という国がない民主党らしい間違った政策である。

もちろん、隣の中国とは大切に親善を深めていかねばならない。しかし、忘れてならないのは、中国は一党独裁の共産主義国家であり、日本やアメリカの自由と民主主義を標榜する国とは異なる体制の国家であるということである。そのため正三角形の関係は成り立ちようがない。しかもそんなことを言えば、アメリカに対して、日本はアメリカをこれまでのように重要視していないという誤ったメッセージを与えることになってしまうのである。日米同盟が現在の日本の基軸であるから、仮にそのようなことになれば、日本の安全保障にとって致命的なことになってしまうのである。

日米安保条約は厳密にいうと片務条約である。例えば、集団的自衛権の行使は安保条約では認められているが、憲法九条では現在までの内閣法制局見解では行使できないことになっている。たとえば、日米の艦船が並んで航海している際に、日本の艦船が不当な国から攻撃を受ければ、アメリカは日本の艦船を救助する。しかし一方、アメリカの艦船が不当な国から攻撃を受けても、隣にいる日本の艦船はアメリカの艦船を助けることができず見捨てることになる。これではアメリカサイドからすれば片務的である。

私が言いたいのは、最終的には日本が自力で自主独立を確保出来るようにするのが望ましいが、そのようになるにはまだまだ長い時間が必要であり、日本の安全と平和にとっては日米安保条約は避けて通れない。であるから、アメリカとは密に連絡をとり、固い絆で結ばれるようにしなければならない。しかし、長い時間をかけて日米両政府で合意した普天間基地飛行場移設の問題を、民主党政権は政権が変わったからといって反故《ほご》にし、さらにまた元に戻そうとするなど失態を演じている。日本とアメリカにとっては好ましくない状況が生まれている。

かつて日本は明治時代、日英同盟を結んだ。国際関係は利害関係で成り立っている。日本はロシアを牽制するために同盟を結んだ。イギリスにとっては、ロシアは世界最大の軍事国家であったからヨーロッパに攻め込む恐れがあった。それには後背を突く日本と同盟を結んでいた方が得策であるから日英同盟が成立した。しかし、太平洋を挟んで台頭してきたアメリカから見ると、自分の一番の友好国である英国がいずれ敵対するであろう日本と同盟条約を結んでいることが不都合になってきた。

そして日本が日露戦争に勝利すると、ロシアを牽制する日英同盟の意義が薄れてきた。その間隙を突いてアメリカは海軍の軍縮条約などを境に嘴《くちばし》をいれるようになり、日英同盟は破棄されることになった。日本は、その結果孤立していくことになったのである。

また、アメリカは日露戦争後からオレンジ計画と名付けた戦略を練り、いずれ日米が対立することを想定していた。日本は見事にその術策に填《はま》ってしまったのであった。だから、アメリカが永久にこのまま日米安保条約を維持するとは限らない。もちろん、私はアメリカにそうした不信をもっているわけではないが、そのような想定もしておく必要がある。

そして連絡を密にして、アメリカに疑心を起こさせないようにしなければならない。私は、アメリカのアジア外交はその軸足を日本から中国に移している感じを覚える。オバマ大統領やクリントン国務長官の中国に対する演説を分析すると、そう思わざるを得ないのである。

しかし、今ならまだ間に合う。戦前、ＡＢＣＤ経済包囲陣によって日本が袋小路に入り込んで身動きが出来なくなった二の舞になってはならない。石油がない、鉄くずがない、アメリカにある日本の財産は凍結され、日本人への移民禁止法まで実施された。それで日本は干上がってしまった。その時も、そして今日も、残念ながら生殺与奪の権は不幸にして我が国にではなくアメリカにあるのである。この微妙な点をよくよく注意しておく必要がある。

■国連中心外交の幻想

日本外交の第一戦に携わっている人達は大変である。軍事力なき外交がいかに無力であるかを知っており、煮え湯を飲まされることも度々であろう。外交は形を変えた国益を守る戦いであり、軍事力の裏付けが大きくものをいうのである。だから日本は舐《な》められ、日本からは銭をとればいい、お茶を濁しておけばいいということになるのである。そして気がついて見ると、国連の分担金は世界第二位になっており、世界有数のＯＤＡ供出国になってしまっている。

確かに、日本のＯＤＡで橋を作れば、記念切手まで作って日本の貢献を喜んでくれるカンボジアのような国もある。しかし、日本に感謝するどころかまったく無視し、そのお金の出所さえ国民に知らせていない国もある。その国とは中国である。日本は、中国に三兆円のＯＤＡが出ている。中国の北京空港の建設費の半分以上は日本が供出している。しかし中国から一言の感謝の言葉もない。当たり前のことだと思っているのである。

ＯＤＡを武器にした日本の外交も、今後は経済の右肩上がりは想定できないからＯＤＡ対象国もきびしく審査していくことになろうし、ますますＯＤＡ頼みの外交は難しくなっていくだろう。

一方、民主党などは国連中心の外交を主張する。これも軍事力なきが故に出てくる発想である。しかし、彼らは国連の本質が理解できていないのである。国連を理解するには、第二次世界大戦で勝利した国々が作った組合だと考えると解りやすい。勝者の組合であるから、そこにははっきりと敵国条項というものがいまだに規定されている。即ち敵国とは、敗者の日本、ドイツ、イタリアである。敵国条項とは、世界に侵略を仕掛けた害のある日本のような国々が、今後国際社会において無法な許されないような行為を犯した場合、宣戦布告なき攻撃ができるということであり、それが明確に規定されているのである。

しかも日本は、その国連に世界第二位の多額の分担金を要求されている。それでも中国の反対に遭《あ》って常任理事国にはなれないのである。

だから敵国条項が撤廃され、安全保障理事会でも常任理事国として日本に正当な発言権と権能が与えられるようになれば、その時には国連中心の外交を考えていいかもしれない。しかし、現在のこうした国連の状況の中では、日本の国益を守る外交を国連に託すことは到底できることではない。

■教育は国家百年の大計

私の父親は、今はコスモ石油となっているが当時の大協石油に勤めていた。三重の四日市にある製油所長を六年間努めていた。その当時、私は東京で一人住まいをしていたが、正月には四日市の両親の元に行った。私の母親は、生長の家の谷口雅春師が四日市に講演に来られた時にお話を聞きに行っており、その折りに母親が『生命《せいめい》の實相《じっそう》』の一巻を購入して持っていた。

当時、私はその本を読んで感ずるところがあった。それで東京に帰った時、原宿の生長の家本部を訪れ、『生命の實相』全四十巻を買い、大変感動したのである。この本との出会いによって、私はこれまでの唯物的価値観から心を大切にする唯心的価値観に変わっていったのである。そして自己への信頼が深まっていった。

中でも次の言葉が私を大きく成長させてくれた。

「日本人は昔より、天照大御神《あまてらすおおみかみ》を皇室の始祖と仰いだだけではなく、一人ひとりを天照大御神の息子、娘として、日子命《ひこのみこと》、日女命《ひめのみこと》と称してきたのである。それは人間を神のいのち、無限の可能性を有する神の子として観てきたのである」

だから、日本人が本来持っていたところの「神の子」観に目覚め、私たち一人ひとりが、その神性《しんせい》を発揮できるようになれば、大変良い世の中になるのである。政治は、その神性を見詰め努力していける環境を整えることである。そしてなにより健全な人間観を涵養《かんよう》する教育が大切である。

教育は国家百年の大計と言われるとおり、極めて大切なことである。戦後の日本がこのように自国の歴史・文化・伝統を省みない、魂のない国になってしまったのも、先人、先祖を貶《おとし》め、愛国心を教えてこなかった日教組リードの戦後教育が大きな原因である。

歴史教育では、日本の東郷平八郎元帥、乃木希典《まれすけ》将軍といった日本のために心血を注いだ人物を教えない。一方、無政府主義者の大杉栄《さかえ》は教えられるのである。つまり反日的な人物は教えるが、愛国的な人物は教科書から消えていく。これが日本の教育かと叫びたくなる。

さらには国際化の波にもまれ、小学生に英語を教えようとする。しかし、数学者の藤原正彦氏も、日本語をしっかり教えて身につけさせないと豊かな情緒や豊かな人間性が育まれない、と述べている。

このような日本の教育の現状に対して、平成十八年、安倍内閣の時に、亡くなった保守派のホープ中川昭一議員をはじめ若手保守議員や私どもが何回も会合を重ね、文言を練り、ようやく五十九年ぶりに教育基本法を改正したのである。新教育基本法では、前文において、これまでの教育基本法の普遍的な理念は大切にしながら、個人の尊重のみならず、「公共の精神を重んずる道徳心、自律心」など、まさに今求められている教育の理念を明確にしたのである。

さらに教育目標において「実際生活に即し、豊かな情操と道徳心を培う……伝統と文化を尊重し、それらをはぐくんできた我が国と郷土を愛するとともに」として、こころを豊かにする情操教育と国を愛する「愛国心」教育に重点を置いたのである。もちろん、公明党との連立関係で「愛国心を育む」という文言を挿入できなかったのは残念であったが、真の教育確立に向けて大きな進展であった。

戦後は、神道の否定によって宗教的情操教育が行なわれず、世の中の世俗化とともに一層心の荒廃を招いた。さらにマルクス・レーニン主義的闘争史観によって、心の潤いを失ってしまった。ここに親殺し、子殺しの事件が頻発してきた原因もある。この状況を克服しようとしたのである。

この新教育基本法によって、平成二十三年度から使用される小学一、二年生の国語の教科書に神話が登場することになった。これまでなら、神話に反対する声が上がれば、文科省員が教科書の著者に削除を命じていたのであるが、新教育基本法の中に「伝統と文化を尊重」との文言を根拠に神話を掲載することが出来たのである。喜ばしい限りである。

しかし、現在の民主党は、安倍内閣で実現した教育改革を悉《ことごと》く否定しようとしているのである。例えば、教員免許更新制も今検討し直されている。教員として必要な資質能力が保持されるよう、定期的に最新の知識・技能を身に付けることで、教員が自信と誇りを持って教壇に立ち、社会の尊敬と信頼を得ることを目指して作られた制度であるが、日教組などが圧力をかけてこの制度の廃止を実現しようとしているのである。しかし、特に幼少の頃は、先生の如何《いかん》によってその教育の効果は大きく違うのである。私の小学時代を顧みてもそうである。

私は、京王線の幡ヶ谷の側にある渋谷区立西原小学校に通った。最初は女性の代用教員が担任の先生であった。終戦直後の民主教育華やかかりし頃である。「このクラスで辞めて貰いたい人の投票をします」などと、今からでは考えられない、とんでもない教育をしていた。

三年生の時に特攻隊上がりの九州男児、村上一郎先生が担任となった。この先生は教育信念を持っていたから、宿題を忘れると、男の子でも女の子でも一列にならばせて、次から次にビンタをくらわした。家に帰っても先生の手の跡がついているくらいであった。当時は保護者に共産党員が多かったのであるが、どの共産党員の家からも文句が出なかった。愛情を持って文字通り教育をして下さったからである。

学年は三クラスあったけれども、私たちのクラスが一番できなかった。しかし、村上先生が教え始めてから、このクラスの成績はみるみるうちに良くなり、学年で一番になってしまった。区立の小学校であるから、豆腐屋の子供、クリーニング屋の子供、家具屋の子供、産婆さんの娘など、ありとあらゆる職種の子供がいた。この子供達が、村上一郎先生の影響でみんな勉強がよく出来るようになった。教員の力というものは恐ろしいものであると思う。先生が愛情を持って教育してくれれば生徒達も心服して素直に言うことを聞くのである。もちろん、私は体罰教育を推奨《すいしょう》しているのではない。教育には情熱が必要であることを強調したいのである。村上先生のような情熱ある人に多く教壇に立ってもらうためには、免許更新制などの様々な研修が必要なのである。

■私が郵政民営化に反対した第一の理由

私は、平成十七年のいわゆる郵政選挙でなぜ反対にまわったか。それは、日本の国益を守る保守政治家としての信念を貫こうとしたからであり、二つの理由があった。

一つは強権による議会制民主主義のルールがまったく無視されたからである。今まで、自民党は法案を協議し決定するには一定のルールがあった。まず党の部会に専門役人も入れて法案を徹底審議する。ここで通った法案は政務調査会に回される。ここで、さらに侃々諤々《かんかんがくがく》の協議をして法案を練り直す。そして、次に党の最高意思決定機関である総務会に送られる。ここでもまた、大所高所から侃々諤々の議論が繰り返されて、望ましくは全会一致で決めるのが自民党の手順であった。この総務会意志決定機関を通過した法案が閣議にかけられ、所定の委員会を経て国会の場に提出されるというわけである。

ところが、当時の小泉首相は、このルールをまったく無視し、いきなり閣議で郵政法案を決定し、党に降ろしてきたのである。そのため、急遽合同部会というものが作られ、ここで三十三回の議論を繰り返したが結論に至らなかった。そこで座長は出席者より一任を取り付け、政府調査会に回した。その政府調査会の会長は小泉首相に因果を含められていたため、郵政法案はあっという間に通過してしまった。そして党最高意思決定機関である総務会へ送られた。総務会長は三十一人のメンバーに、いきなり賛成か反対かの採決をすると言い出した。当時、総務委員だった亀井静香氏から聞いた話だが、意見も聞かずに採決をとるという。それで亀井静香氏は怒ったのである。この怒りは当然のことであった。

しかし、小泉首相に頼まれている総務会長は怒声が飛び交う中で採決を行ない、十一対七の賛成多数ということで通してしまった。本来は過半数が十六であるが、混乱の中で採決に加わらなかった者がいたからである。大部分の委員が採決に異論を唱えたが、後の祭りであった。

次はいよいよ国会であった。特別委員会が設置され、そこで審議された。採決の日になって小泉首相は指示を出し、国対委員長の名の下に特別委員会の自民党メンバー全員を賛成派に切り替えたのである。こうして特別委員会は通り、最後の本会議である。本会議はメンバーを差し替えることは出来ないから、威嚇《いかく》、恫喝、懐柔が行なわれた。

ここで活躍したのが武部幹事長であった。どういう威嚇をしたか。「反対するなら選挙で公認しない。お金も出さない」。それから恫喝。「反対だったら応援弁士を派遣しない」「自民党の公認にしない」。最後の懐柔策は「反対から賛成に回ってくれたら選挙資金を出す。応援弁士も派遣する」というようななりふり構わぬ、恥ずべき行為の連続であった。

反対派は、一晩で多くが賛成派に変わり、法案は通過した。衆議院通過後、参議院本会議で否決され、小泉首相が衆議院を解散して総選挙で大勝し、次の国会で衆参の賛成多数で可決した。この選挙で無所属で当選し最後まで頑固に反対を貫いた者は、私を含め十二名だけであった。

私は、このような強権をもって改革を図ろうとする、その姿勢に警鐘を乱打しなければならないと思ったのである。

■私が郵政民営化に反対した第二の理由

第二の理由は郵政法案が日本の国益を守ることが出来ないと確信したからである。

一九九三年、アメリカでクリントン政権が誕生した。当時は宮沢喜一総理大臣。同年、宮沢・クリントン会談が行なわれた。その場で、日本の様々な政府機構及び法律は、グローバルスタンダードあるいはアメリカンスタンダードから程遠いので、米国より要望書を出すから日本は忠実に従ってくれと言ってきたのである。それが今、巷間《こうかん》いわれている「年次改革要望書」である。

その年の翌年から毎年、日本へその要望書が届けられた。微に入り細を穿《うが》って細かく規定してきた。その中に郵政、会社法、司法制度改革、建築基準法などが入っており、それらの改革を突きつけてきたのである。小泉首相はこの郵政民営化に飛びついたのである。ブッシュ大統領の時に「郵政をやる」と言ってしまった。そして竹中平蔵氏を総務大臣に起用し、郵政担当にして閣議に引き入れた。当時、私は経済産業大臣であり、大臣室に英文の文書が回ってきた。それは、日本の経済産業省にあたるアメリカの合衆国通商代表部（USTR）と、日本の省庁との政府間協議の内容についてのものであった。私はこれを読んで許せないと思った。政府間の交渉なのに、アメリカ民間保険会社の社長が協議回数の半数に出席予定となっており、その保険業界の利益を主張しようとしていた。

当時、郵便貯金と簡易保険料合わせて三四〇兆円あった。世界の金融機関で一ヵ所にこれほどの資金が集まっている金融機関はない。これをアメリカ及びアメリカの保険会社は狙っていると直感した。この時すでに商法改正が進められており、金融資産と深く関連する時価会計の導入、外国企業が日本企業を買収しやすくした三角合併、の実現が図られようとしていた。それらのことは、すでに前述の「年次改革要望書」で全て決められていたのである。郵政法案には、民営化後の郵政の株は政府が十年以内にすべて売却することになっている。これは三角合併を狙っていることは明白である。濡れ手に粟《あわ》で、アメリカは郵政株式会社の株を買うことで支配権を得、日本の虎の子の資金を根こそぎ奪っていくことができる。

私は、こういう策を弄している者には加担できないと決意した。改革後退派と呼ばれようと、守旧派と呼ばれようと、国益を守らねばならないとの思いで反対したのである。私は、今後とも、日本の国益を守り、日本を守る大きな国家戦略に立って、保守すべきものは断固として守り、改革すべきことは大胆に改革していきたい、と思っている。

■「脱官僚」ではなく「活官僚」

私は何回か閣僚の仕事をしたが、官僚はこの国のために何かをしようという使命感をもっており、大変優秀である。官僚が悪いというイメージだけが一人歩きしているが、それは官僚を生かし切れない政治家の能力のなさなのである。

民主党は、政治主導の名のもとに、官僚抜きで様々な改革を政治家のみで協議し、プランを立て実行しようとしているが、まったく愚かなことである。官僚はその仕事の専門家なのであるから、当然その仕事に関する情報も多く経験も豊かなので、担当大臣及び政治家はじっくりとその意見に耳を傾けるべきなのである。そうしないから、例えば普天間飛行場移設問題で迷走し、軍事専門家を入れておけば徳之島にヘリ部隊を持っていくなどの素人案が生まれてくるはずはないのである。彼らの政治主導は小学生の学芸会であり、その政治ごっこぶりは見るに堪えない。世界における日本の評価は下がるばかりであろう。官僚悪玉論が横行しているが、政治家が官僚の持っている能力を充分に生かせないことの方が問題なのである。鳩山前首相も新しく首相に就任した管直人氏も一時は官僚悪玉論を言っていたが、国会答弁などでは官僚の力を借りている。

本当の政治主導とは、政治家が官僚を活かし、指示し、判断すれば良いことなのである。だから官僚を排除するのではなく、活用するようにしなければならないのである。

■靖国神社に参拝の静寂さを取り戻せ

近年、中国、韓国からの首相の靖国神社参拝反対の抗議に伴って、「日本はサンフランシスコ平和条約第十一条で東京裁判の結果を受諾したのであるからA級戦犯がお祀りされている靖国神社に首相は参拝すべきではない」という主張まで行なわれるようになった。

国のために命を捧げられた方々を祭祀する聖地(例えば米国のアーリントン墓地、フランスの凱旋門など)に一国の代表が参拝することは、世界の常識であるにもかかわらず、靖国神社に関してはこうした議論が昭和五十年代よりずっと起きてきたことは日本にとって大変不幸なことである。

まず中国、韓国に対しては、「その抗議は内政干渉であり、さらには宗教への干渉である」と日本政府は毅然《きぜん》と反論すべきである。常に村山談話を引き合いに謝罪を繰り返す姿勢を一刻も早く正すべきである。

この謝罪についても一言ふれておきたい。それはサンフランシスコ平和条約の意味ということである。この条約は先の大戦に関わる「戦争状態の継続」に終止符を打った条約であり、実は「以後、いずれの国民の間にも永遠の忘却あるべし」と怨讐《おんしゅう》を超えた「平和状態への復帰」を内外に向け宣言した条約であったということである。

時の全権吉田茂首相は、この条約の受諾を表明し、次のように述べたのである。

「ここに提示された平和条約は、懲罰的な条項や報復的な条項を含まず、わが国民に恒久的な制限を課することなく、日本に完全な主権と平等と自由を回復し、日本を自由かつ平等の一員として国際社会へ迎えるものであります。この平和条約は、復讐の条約ではなく、『和解』と『信頼』の文書であります。日本全権はこの公平寛大なる平和条約を欣然《きんぜん》と受諾します」

ここには先の大戦への「反省」や「謝罪」の言葉は一切ないのである。吉田首相はこの平和条約の中に、懲罰的な条項や報復的な条項がまったくないこと、この条約は日本を完全な「主権と平等と自由」とを持った一員として国際社会に迎えるものであること、つまり日本は「戦争責任」の議論からも自由であることを確認しつつ、これを「和解と信頼」の条約であると高く評価し、欣然《きんぜん》とその受諾を表明したのである。

もちろん、これは吉田首相の手前勝手な認識ではなかった。当初考えられていた平和条約草案のトーンは「無法者日本」をどこまでも警戒の対象と位置づける「懲罰的色彩」の濃いものであった。さらに最終段階に入っても、イギリスは、イタリアと連合国との平和条約をベースにして日本を「侵略国」として留めおく「国際的認知の枠組み」の設定を条約前文に求めたのである。

しかし、吉田首相は、それに対し断固反対の意志を表明した。「日本の場合には、イタリアの場合と異なり、終戦後六年に近い年月が経過し、その間に、連合国の占領管理の下に、戦争に起因する諸懸案の処理が完了しておる。また日本の非軍事化や民主化の基礎は漸《よう》く確立し、今後自らの責任で維持して行こうと決意しておる。英国案はかかる現実の事態の推進と完成とを妨げるものである」

つまり既に日本は占領政策を通じ、「戦争に起因する諸懸案の処理」、戦争に対する責任も果たしてきたではないか、にもかかわらず連合国はなお日本に戦争責任の確認を求め続けようとするのか、それでは日本は永久に「侵略国」の汚名を挽回できないのかと反論したのである。

その結果、「同盟国及び日本国は両者の関係が……主権を有する対等のものとして友好的な連携の下に協力する国家の間の関係でなければならないことを決意し」といった文言になったのである。つまり「侵略」と「戦争への責任」という過去を依然として問題にし続ける発想とは無縁の条約となり、「和解と信頼」をベースとする条約になったのである。この条約の重みをしっかりと受け止める必要がある。そして、中国、韓国には毅然《きぜん》とした姿勢を示して欲しいものである。

また、サンフランシスコ条約第十一条に関して、日本は従来どのように解釈してきたか。問題の第十一条はこうである。「日本国は、極東軍事裁判所並びに日本国内及び国外の他の連合国戦争犯罪法廷の裁判を受諾し、且つ、日本国で拘禁されている日本国民にこれらの法廷が課した刑を執行するものとする。……」

ここで問題となっているのは、「裁判を受諾し」の部分である。英語では「アクセプツ・ザ・ジャッジメンツ」(accepts the judgments)となっており、日本は戦争裁判の「ジャッジメンツ」を受け入れたと解釈するのが自然である。なぜなら「ジャッジメンツ」と複数になっているということは、法律用語として使われる場合は「判決」の意味に用いられるのが一般的であるからである。

事実、昭和二十六年十月、外務省の西村条約局長は「戦犯に関しましては、平和条約に特別の規定を置かない限り、平和条約の効力発生と同時に、戦犯に対する判決は将来に向かって効力を失い、裁判がまだ終わっていない者は釈放しなければならないというのが国際法の原則であります。従って十一条はそういう当然の結果にならないために置かれたものでございまして、第一段におきまして、日本は極東軍事裁判所の判決その他各連合国の軍事裁判所によってなした裁判を承諾いたすということになっております」と答弁している。

つまり、日本政府は、あくまでも「判決の効力」、つまり刑の執行を継続するという「義務」を受け入れたにすぎないのである。

そう考えない限りは、日本がサンフランシスコ条約講和後において、この極東軍事裁判によるいわゆる「戦犯」たちを、政府も国会も一度として国内法的な意味での「犯罪者」としては見なしてこなかった事実をどう考えるかということになる。つまり、その判決の中でしめされた「戦犯」という事実認識を無批判には受け入れてこなかったのである。

さらに言えば、極東軍事裁判の全てを受け入れたとするならば、その裁判でA級戦犯として禁固七年に処せられた重光葵《しげみつまもる》氏、終身刑に処せられた賀屋興宣《かやおきのり》氏はその後、それぞれ鳩山内閣の副総理・外相、池田内閣の法相となり名誉回復を果たしている。重光氏はその後、勲一等さえ授与されている。このことはもう裁判に拘束されるべき義務など存在しなかったという証《あかし》である。

また、A級戦犯合祀が明らかになった後も、大平首相、鈴木首相は靖国神社に参拝している。その時には平和条約十一条の義務に反するなどという指摘はまったくなかった。むしろ大平首相などはこの時、「A級戦犯あるいは大東亜戦争というものについての審判は、歴史が致すであろうと私は考えております」と述べた。東京裁判の審判を尊重するというより、むしろ「歴史の審判」に従うと表明したのである。

最後に日本政府は毎年八月十五日、日本武道館で「全国戦没者追悼式」を行なってきたが、そこではA級戦犯も対象とされてきたのである。政府が東京裁判の結果に拘束されているとすれば、これはありえない判断である。しかしこれを問題にする声などまったくなかったのである。

つまり日本は、サンフランシスコ条約によって極東軍事裁判の結果に拘束されるなどということはないのである。むしろ、講和独立後の日本人は極東軍事裁判を正当な裁判とは認めなかった。そしていわゆるA級戦犯とされた人達を犯罪人と考えたわけではなかった。

昭和二十六年には戦争裁判の受刑者は国内法的な意味での「罪人に非《あら》ず」との明確な認識が国会、内閣とも共有された。

さらに国民の間では「戦犯」の早期釈放を求める署名運動が高まり、約四千万名もの署名があつまり、この世論を背景にして、政府は昭和二十七年八月、巣鴨刑務所に服役中の

「B級C級戦犯」全員の赦免勧告を各国に対して行ない、ついで同年十月A級を含む全ての「戦犯」の赦免・減刑を関係各国に要請したのである。

当時の日本の政治家は保守・革新を問わず、「勝者の裁き」を敢然と拒否するだけの見識と勇気を保持し、国会は「A級戦犯」を罪人扱いしなかったのである。

昭和二十七年十二月九日の衆議院決議において、日本社会党の古屋貞雄議員は「敗戦国にのみ戦争裁判の責任を追及するということは、正義の立場から考えましても、基本人権尊重の立場から考えましても、公平な観点からしましても私は断じて承服出来ない」と述べたのである。

さらに遺族援護法や恩給法の改正においても、戦犯を援護法では「公務死」、恩給法では「公務上の死亡者」とし、決してA級戦犯を「犯罪人」として考えなかったのである。

こうした戦後の歴史も踏まえて、国のために命を捧げられた方々をお祀りする靖国神社に天皇様及び首相が静寂の中で公式参拝される日がくることを願わざるを得ない。

なお、民主党政権が画策している国立追悼施設なる無宗教の追悼施設などだれが訪問するのか。こうした企ては英霊の願いを侮辱するものであり、私は断固反対するものである。

「たちあがれ日本」結成のご挨拶

■新党「たちあがれ日本」結党への決意

私は、これまで、皆様のご支援をいただき、衆議院選挙当選十回を重ねてまいりましたが、最初は二回落選しております。

養父・平沼騏一郎《きいちろう》の生まれ故郷でありますす岡山から衆議院選挙に初挑戦したわけでありますが、しかし、騏一郎は一度も選挙の洗礼を受けていませんでしたので、地盤はまったくなきに等しい状態でありました。

最初の時は、九人の立候補で一万七千票を獲得しましたが最下位、供託金没収の憂き目をみました。二回目が三万八千票と前回の二倍以上の得票を伸ばしましたが惜敗。当選には七万票くらい必要だったのです。

当時、私は、岡山では知人、友人が少ない中で後援会を作らざるを得ませんでした。それで、とにかくコツコツ歩き回りました。お金のない候補でしたから、一日二〇〇軒ほど家々を訪ね歩き、家に帰ってからは毛筆でお会いした方々二〇〇名にお礼の葉書を書くのが日課になっていました。くたくたになって疲れて帰って来てから二〇〇枚書くというのは大変な仕事でした。しかし、私は、国家に役立つ政治家になるのだという志に燃えていました。当時から私は、一貫して天皇様を守り、日本の文化と歴史伝統に立脚した政治を目指し、自主憲法の制定を訴えてきました。

そして、地道な努力が浸透し、昭和五十五年、八万六千八百五十票もの大量得票を獲得し念願の初当選を果たしました。苦節六年の栄冠といえるものでした。

私が大変お世話になった喜多登先生の奥様は、この時、私の妻を歌に託して下さり、

栄冠の夫のかたへ花束を抱きてうつむく妻はうつくし

と詠んでくださいました。

私は、初当選の頃を思い起こすと、志の原点にかえった気持ちになり、意識が高揚《こうよう》します。それと同じように、いやそれ以上の思いで、今後の政治生命のすべてをかけて、尊い日本再興のために汗をかいていかねばならないという思いで、この新党「たちあがれ日本」を立ちあげました。

■新党「たちあがれ日本」結党趣旨

「たちあがれ日本」の結党趣旨は以下の通りであります。

(一)「いま、日本があぶない」

第一の使命──打倒民主党

民主党政権では、普天間基地移転の問題が迷走し、日本の安全保障の基軸である日米安保が危機に陥っています。また財源の裏打ちがない子供手当などが法案化され、財政も一層逼迫しています。母国に子供を残してきた外国人にまで子供手当を出すなどという非常識な悪法です。こうした民主党の無様な政権運営、利益誘導に終始した選挙至上主義的内向きな姿勢に、国民は民主党に騙《だま》された思いで大きく失望しています。

「本人はハトだと言い、日本人にはサギと言われ、中国からはカモだと言われる。そしてアメリカからはチキンだと言われる」という鳩山由紀夫氏に関するジョークは、笑ってすませられないものがあります。それほど日本は危ない事態に立ちいたっています。

特に、民主党の金権体質です。そもそも民主党議員の本家は自民党田中派の人が多いのです。鳩山由紀夫氏、小沢一郎氏、岡田克也氏しかり、さらに言えば民主党の重鎮、渡部恒三氏、石井一氏などもそうです。いわば田中派の中で竹下登氏と肌が合わなかった方々が出て行き、民主党を作ったようなものであります。

中でも鳩山前首相は、与謝野馨議員から〝平成の脱税王〟などと言われましたが、母親から十二億円以上もの政治援助をもらいながら、知らなかったの一言で片付けようとしています。一体、鳩山由紀夫氏には恥の感覚があるのかと申し上げたい。このような人に総理大臣の資格はなかったのであります。

さらには、愛国心もなく、国家意識もない民主党がもし両院で過半数をとれば、外国人参政権、夫婦別姓、人権侵害救済をはじめとする国家解体法案が現実のものとなってしまいかねないのです。

一方、自民党は過去のしがらみと決別できず、民主党批判の受け皿となる迫力に欠けています。そのため、政治の流れを変え、「捨て石」となる決意をもって「打倒民主党」、

「参議院与党過半数阻止」のために立ち上がりました。

(二)凛とした安心社会へ

第二の使命――「日本復活」

戦後の瓦礫《がれき》から多くの危機を克服してきたのは、難局に立ち向かう国民の智慧と勇気でありました。今こそ政治は国民の力を引き出すために行動しなくてはなりません。

そのため、保守本流の政策である自主憲法制定などをはじめ、日本の歴史、文化、伝統に根ざした安心社会の構想を提示していきます。

例えば日本国憲法は出生時からして、米国の弱体化政策の意図のもとに作られた憲法であり、諸国民の公正と信義に信頼して……と前文にあるように、自国の防衛を他国に委ねる姿勢は、自主独立国家の憲法にふさわしくありません。

さらに言えば、日本を取り巻く国際環境は制定時と大きく変化しています。お隣の中国は、ここ二十一年間で軍事費は二十倍になり、軍備増強を図ってきました。北朝鮮も日本向け核ミサイルを開発するなど厳しい状況です。

かつて、憲法制定時のケーディス大佐などをインタビューした西修教授が語っていましたが、彼らの方が「まだあの憲法を使っているのか」と驚いたといいます。こうした中で本当に国の大本、憲法を見直さなくてはなりません。

日本が先行き不透明な状況に陥っているだけに、そうした改革も含めた「強靱な経済」と「安心社会」を両輪とする日本の復活が必要です。鳩山前首相のように、ひたすら情緒的に「命を守りたい」と演説してまわっても危機は克服できません。

最近も、中国独自の法の裁きで、詳細な調査もせずに日本人が死刑になりました。日本政府はその経緯を明らかにし、死刑阻止の行動や抗議を一切しませんでした。さらに呆れたことには、死刑執行後、一国の首相とは思えない鳩山首相の言葉です。「日中関係に亀裂が入らぬよう努力する」と言いました。日本人のいのちを気遣《きづか》う心はないのでしょうか。

同様のケースで英国は、何度も中国に抗議しています。鳩山前首相の「命を守る」とは、空疎な、信念の欠けた、無責任な言葉でしかありませんでした。

だから、失業者の方を見据えた経済成長戦略も、言葉のまやかしにしかすぎません。

(三)「数より覚悟の政党」

第三の使命――政界再編

今日本は、「政策を軸とする政界再編」と「国政全体での世代交代」を同時に進め、国民の負託に応える体制を早急に作り上げねばなりません。

現在の政治状況で推移すると、参議院選挙の結果次第では、政界再編の可能性が高いと言えます。その時、我が「たちあがれ日本」は超党派の「政策連携」の起点となり、政策を軸とする再編と世代交代の両方を図っていきたいと考えます。

そのために、旧来型の政党のように数を頼むことなく、政策実現のために名利《みょうり》を捨てて闘う覚悟を持った同志を数多く募ります。

■新党「たちあがれ日本」の綱領

我が「たちあがれ日本」は、完成の数字と言われる七をキーワードにして七つの綱領を掲げています。これを読んでいただければ、私共の意図が一層よく分かっていただけるものと確信しております。

一、わが党は、誇りある日本の文化と伝統、豊かな自然に育《はぐく》まれた国土と環境、国民の生命・財産を守り、国際社会の一員としての責任を果たすため、自主憲法制定を目指す。

二、わが党は、国・地方が直面する財政危機を突破するため、あらゆる政策を総動員し、持続可能で透明性の高い信頼される行政の実現を目指す。

三、わが党は、安心社会の実現のために財源に裏打ちされた持続可能な社会保障制度と経済成長力強化と雇用の創造を目指す。

四、わが党は、経済と国民生活の基盤である、食料・水・エネルギー資源の確保に向け総合的な資源戦略を確立する。
五、わが党は、地球の環境保全、自然との共生に根ざした21世紀の課題に正面から取り組み、世界最先端の環境型先進国家を目指す。
六、わが党は、一人ひとりの国民が国際社会で通用する道徳観と教養を身につけ、希望を持って働き、国や地域や家族を愛し、豊かな人生を得るための教育の振興を目指す。
七、わが党は、失われた政治への信頼を取り戻すために、「選挙のための政治」を峻拒《しゅんきょ》し、政治生命をかけて政策の実現を目指す。
皆様に一層の支援を御願いするとともに、日本再興のために同志として我々と共に立ち上がって頂けますことを切に念願しております。

平沼赳夫の本懐

平成二十二年七月一日　初版発行

著　者　平沼赳夫

発行者　白水春人

発行所　株式会社 光明思想社
〒一一〇―〇〇一六
東京都台東区台東一―九―四　松浦ビル5F
電話〇三―三八三二―四八〇〇
郵便振替〇〇一二〇―六―五〇三〇二八

装　幀　松本　桂

本文組版　メディア・コパン

印刷製本　モリモト印刷株式会社

ISBN978-4-904414-09-5